Titel

Wirtschaftsstandort Ulm

Chancen und Perspektiven einer Stadt

MEDIA TEAM GmbH
Stadt Ulm
1998

Vorwort

Sehr geehrte Damen und Herren,

Weltweit konkurrieren die Städte heute um die Gunst der Investoren. Dabei wird es immer wichtiger, sich von anderen Wirtschaftsstandorten durch seine standorteigenen Vorteile positiv zu unterscheiden. Jeder Unternehmensstandort in Deutschland bietet spezielle Vorteile für die Ansiedlung von neuen Betrieben und nationalen und internationalen Investoren. In der Vielzahl von miteinander konkurrierenden Regionen liegt auch die Chance einer Stadt, durch besondere Qualifikationen die Entscheidung zur Standortwahl positiv für sich zu beeinflussen.

Das Oberzentrum Ulm ist zu einem wirtschaftlichen und kulturellen Mittelpunkt geworden, der weit über die Region hinaus nach Baden-Württemberg und Bayern ausstrahlt. Vor allem durch den Fahrzeugbau ist Ulm weltweit bekannt geworden. Daimler-Benz und Kögel beispielsweise sind international zum Synonym für Qualitätsarbeit geworden. Eine vorausschauende Kommunalpolitik, die für rechtzeitige Erschließung neuer Gewerbegebiete sorgte, führte zur Ansiedlung weiterer moderner Unternehmen. Die DASA und Ratiopharm sind da ebenso zu nennen wie Gardena oder die Unternehmen der AEG. Außerdem sind mittelständische Firmen, insbesondere im Maschinenbau und in der Kfz-Zulieferindustrie entstanden, die sich auf dem Weltmarkt durchsetzen.

Dieses Buch will dem interessierten Leser Ulm aus verschiedenen Perspektiven näher bringen. Es beleuchtet die wesentlichen wirtschaftlich relevanten Faktoren und portraitiert neben einer repräsentativen Auswahl von in Ulm ansässigen Unternehmen ebenso Kultur, Kunst und Landschaft. Denn der Standort Ulm ist auch durch ein attraktives Freizeit- und Kulturangebot geprägt. Der Schwörmontag und das Fischerstechen locken in jedem Jahr Zehntausende in die Donaustadt.
Dieses, in Zusammenarbeit mit der Stadt Ulm entstandene Werk, soll neben dem informativen und unterhaltenden Stellenwert auch eine praktische Aufgabe erfüllen. Es soll Kooperationen und neue Geschäftskontakte mit den in diesem Buch präsentierten Firmen und Ihnen als Leser dieses Werkes fördern.

Dieses Buch ist ein wichtiger Bestandteil des bundesweiten Standardwerkes zu deutschen Wirtschaftsregionen und international auch im Internet präsent.

Möglicherweise ist Ulm ja auch Ihr Unternehmensstandort der Zukunft?!

Christian Kirk
Geschäftsführer der MEDIA TEAM
Gesellschaft für Kommunikation mbH

Vorwort

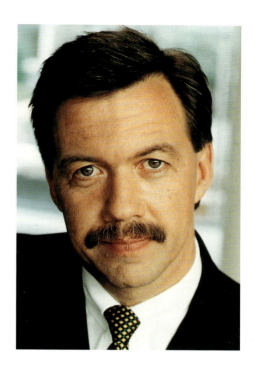

Sehr geehrte Damen und Herren,

Seit Einführung des Europäischen Binnenmarktes liegt Baden-Württemberg zentraler denn je. Von allen wichtigen Wirtschaftszentren Europas erreicht man das drittgrößte deutsche Bundesland in kürzester Zeit, ob mit Auto, Bahn oder Flugzeug. Internationalität hat in Baden-Württemberg Tradition, die ganz wesentlich durch die geographische Lage beeinflußt wurde. Denn mit Frankreich im Westen, der Schweiz und Österreich im Süden waren grenzüberschreitende Beziehungen schon immer lebensnotwendig.

Baden-Württemberg spielt als Exportland und als Industriestandort nach wie vor eine wichtige Rolle innerhalb Deutschlands. Die hohen Qualitätsanforderungen machen die Region zum idealen Testmarkt für Deutschland und zum optimalen Standort für erfolgreiche Wirtschaftsbeziehungen mit den Weltmärkten. Durch unsere stark mittelständisch geprägte Wirtschaft und in unseren Großbetrieben haben wir ein herausragendes kreatives unternehmerisches Potential. Im Verbund mit einer hochqualifizierten Facharbeiterschaft ist es in der Lage, auftretende Strukturprobleme optimal zu bewältigen und sich hervorragende Marktpositionen zu schaffen.

Ulm, auf halbem Weg zwischen den Landeshauptstädten und Wirtschaftszentren Stuttgart und München gelegen, gewinnt durch seine strategisch äußerst günstige Lage auf der bedeutendsten Entwicklungsachse Süddeutschlands immer mehr an Bedeutung. Dieser Raum ist zu einer europäischen Zukunftsregion geworden. Nur selten sind die Voraussetzungen hierfür so gut wie in Ulm, wo Universität, Fachhochschule, Forschungsinstitute, Daimler-Benz Forschungszentrum, Science-Park, Technologiefabrik mit Innovationszentrum und Biotechnologiezentrum und viele sonstige Partner ein beträchtliches Know-how-Potential bilden. Die Bedeutung dieser hervorragenden Infrastruktur liegt aber nicht nur in der Addition. Zahlreiche Mechanismen sind eingebaut, um Wissenschaft und Wirtschaft zusammenzubringen und Innovationen zu beschleunigen.

Fundierte Informationen sind unerläßlich, wenn man die wirtschaftlichen Herausforderungen bewältigen will. Dazu gehört auch, den richtigen Gesprächspartner, den passenden Lieferanten oder das geeignete Dienstleistungsunternehmen rasch und zuverlässig zu finden.

In diesem Sinne wünsche ich den Benutzern dieses Bandes viel Erfolg.

Dr. Walter Döring
Wirtschaftsminister und
stellvertretender Ministerpräsident
des Landes Baden-Württemberg

Inhalt

Wirtschaftsstandort Ulm

Christian Kirk	**Vorwort** Geschäftsführender Gesellschafter der MEDIA TEAM GmbH	3
Dr. Walter Döring	**Vorwort** Wirtschaftsminister und stellvertretender Ministerpräsident des Landes Baden-Württemberg	5
Ivo Gönner	**Der Zukunft einen Schritt voraus – Fortschritt hat Tradition in Ulm** Oberbürgermeister der Stadt Ulm	8
Walter Laitenberger	**Attraktiv und aktiv – der Wirtschaftsstandort Ulm steigt auf zur europäischen Zukunftsregion** Stabsstelle Wirtschaftsförderung beim Oberbürgermeister	14
Werner Kress	**Ulm aus Unternehmersicht: Was diesen Wirtschaftsstandort so interessant macht** Geschäftsführer Gesellschafter und Vorstandsvorsitzender der GARDENA Holding AG	22
Prof. Dr. Dr. Franz Josef Radermacher	**Die enormen Wachstumschancen eines Wirtschaftszentrums mit traditionell hoher Leistungskraft** Leiter des Forschungsinstituts für anwendungsorientierte Wissensverarbeitung	26
Ulrich Soldner	**Wirtschaftsförderung – ein vielfältiges Angebot kommunaler Dienstleistungen** Stadt Ulm, Leiter der Abteilung Liegenschaften und Wirtschaftsförderung	32
Marita Caïssa Kaiser	**Marketing einer Region: Die Innovationsregion Ulm – Spitze im Süden** Geschäftsführerin des Regionalmarketings	38
Prof. Dr. Hans Wolf	**Forschung und Lehre bleiben uniert – Die Universität Ulm in der Wissenschaftsstadt auf dem Oberen Eselsberg** Rektor der Universität Ulm	46
Hermann Stangier	**Handwerk – wichtiger Dienstleister für die Bürger und die Wirtschaft** Hauptgeschäftsführer der Handwerkskammer Ulm	60
Otto Sälzle	**Die Ulmer City wird zu einem Modell für die Einkaufsstadt des 21. Jahrhunderts** Hauptgeschäftsführer der Industrie- und Handelskammer Ulm	64

Inhalt

Petra Schmitz	**Umweltschutz in der Region** Stabsstelle Ökologie der Stadt Ulm	68
Peter M. Jäger	**Ulmer Niedrigenergiehaussiedlung „Im Sonnenfeld" erwartet Besucher der EXPO 2000 aus aller Welt** Geschäftsführer der Solar-Stiftung Ulm/Neu-Ulm	72
Christian Bried	**Projektentwicklungsgesellschaft Ulm – Planung, Finanzierung, Errichtung und Verwaltung von Bauten in einer Hand** Geschäftsführer der Projektentwicklungsgesellschaft Ulm mbH	76
Heinz Künkele	**Die SchapfenMühle – Ulms ältestes, noch produzierendes Unternehmen** Geschäftsführer der SchapfenMühle GmbH & Co. KG	80
Dr. Gabriele Gröger	**Biotechnologische Forschungsaktivitäten in der BioRegioUlm** Wissenschaftliche Mitarbeiterin der Universität Ulm	84
Alexander Wetzig	**Ulm – eine Stadt mit Atmosphäre, in der Lebensqualität und Wohnwert groß geschrieben werden** Bau- und Umweltschutzdezernent der Stadt Ulm	90
Wolfgang Dieterich	**Attraktives Reiseziel, regionaler Messeplatz und gefragter Tagungsort – Tourismus als Wirtschaftsfaktor** Geschäftsführer der Ulm/Neu-Ulm Touristik GmbH	96
Dr. Götz Hartung	**Ulm – Stadt der Kunst und Kultur mit Tradition, privatem Engagement und interessanter alternativer Szene** Bürgermeister der Stadt Ulm, zuständig für Kultur, Bildung, Sport und Freizeit, Jugend, Familie und Soziales.	104
Peter Müller	**Eine Wirtschaftsregion braucht auch Spitzensport; die Highlights an der Donau sind Fußball und Basketball** SSV Ulm 1846	114
	Verzeichnis der vorgestellten Unternehmen	118
	Impressum	120

Tradition und Zukunft

Der Zukunft einen Schritt voraus – Fortschritt hat in Ulm Tradition

DABEISEIN IN DER
DIE INNOVATIONSREGION ULM
SPITZE IM SÜDEN

Ulm in Zahlen: 115.600 Einwohner, knapp 20.000 von ihnen ausländischer Herkunft; Stadtfläche 11.868 Hektar, wovon 5.054 Hektar Natur- und Landschaftsschutzgebiete sind; 28 Grund- und Hauptschulen, 5 Realschulen, 10 Gymnasien, 23 Berufsfachschulen, 5 Meisterschulen, 5.000 Studentinnen und Studenten, fast 2.000 Fachhochschüler, 57 Sportvereine mit zusammen 37.000 Mitgliedern; knapp 200.000 Übernachtungsgäste pro Jahr; 254 Industrie-

Ivo Gönner

Der Autor wurde am 18.02.1952 in Laupheim geboren.
Seit 1972 ist er Mitglied der SPD.
Sein Jurastudium absolvierte er in Heidelberg.
Von Juni 1980 bis Dez. 1991 amtierte er als Stadtrat in Ulm, seit 1985 als Fraktionsvorsitzer der SPD.
Von April 1981 bis Febr. 1992 war er als selbständiger Rechtsanwalt in Ulm tätig.
Am 1.12.1991 wurde er zum Oberbürgermeister der Stadt Ulm gewählt.

Stadthaus mit Münsterturm.

betriebe, rd. 600 Großhandels- und knapp 1.500 Einzelhandelsunternehmen. So vielsagend diese Zahlen auch sind, so wenig sagen sie doch über die Stadt aus. Ulm ist mehr.

Was die Stadt vor allem auszeichnet, ist ihr Bemühen, die Zukunft nicht einfach auf sich zukommen zu lassen, sondern sie bewußt und mit Weitblick selbst zu gestalten.

Früher als andere Stadtbürger haben die Ulmer das ihnen von Kaiser Barbarossa verliehene Stadtrecht genutzt, um die Regelung ihrer Belange selbst in die Hand zu nehmen. Als Ulm dann 1274 durch das Privileg der Reichsunmittelbarkeit auch formal von der Fürstenschaft unabhängig wurde, hatte sich das Stadtrecht schon lange zum Gewohnheitsrecht entwickelt und war Vorbild für viele andere Städte im süddeutschen Raum. Die kaum 50 Jahre später in Angriff genommene Erweiterung der Stadtfläche um das Vierfache schaffte Platz für einen wirtschaftlichen

Tradition und Zukunft

1. Berblinger's unglückliches Unternehmen als Luftfliger in seiner Positur. 2. das Ufer der Donau, mit Zuschauer. 3. die glückliche Rettung des Luftfliger's, von den Fischern. 4. Ulm.

Zeitgenössischer Bildbericht über Berblingers Flugversuch am 31. Mai 1811.

und demographischen Aufschwung, der erst Mitte des 19. Jahrhunderts die 500 Jahre zuvor abgesteckten Stadtgrenzen sprengen sollte.

Als die Bürger der Stadt 1377 den Grundstein zu einer Kathedrale legten, die noch nach Jahrhunderten Symbol ihres kollektiven Willens und Selbstbewußtseins ist, planten sie einen Bau, der weit mehr Menschen fassen sollte, als die Stadt damals Einwohner hatte.

Seit wenigen Jahren steht neben dem Münster ein weiteres Bauwerk, das inzwischen ebenfalls zu einem städtischen und städtebaulichen Markenzeichen für Ulm geworden ist: das Stadthaus, entworfen von dem amerikanischen Stararchitekten Richard Meier. Beide, Münster und Stadthaus, bilden eine Einheit, die – beispielhaft für Ulm – Tradition und Fortschritt, Vergangenheit und Gegenwart harmonisch verbindet.

Der Zukunft ein Stück voraus waren die Bürger Ulms auch mit dem „Großen Schwörbrief", der das politische Mitbestimmungsrecht der Zünfte verfassungsrechtlich absicherte und dessen 600. Jubiläum die Stadt 1997 feiern konnte.

An der Schnittstelle zwischen den verschiedenen Einflußsphären, zwischen Bayern, Schwaben und Franzosen, Protestanten und Katholiken, Republikanern und Monarchisten hat Ulm es in seiner Geschichte immer verstanden – auch unter Opfern –, seine Eigenständigkeit zu bewahren und sich dennoch fremden Einflüssen und neuen wirtschaftlichen und politischen Bedingungen flexibel anzupassen. Als Anrainer eines halb Europa durchquerenden Flusses hat man einen weiten Horizont, betont bei allem Selbstbewußtsein eher das Verbindende als das Trennende. Durch den Export von hochwertigen Leinengeweben, dem „Barchent", stand Ulm schon früh in engen Beziehungen zu anderen Ländern und Völkern. Die Aufnahme eines regelmäßigen Schiffsverkehrs mit Wien bereits im Jahr 1570 ist ein weiterer Ausdruck dieses „europäischen Denkens".

Ganz unterschiedliche Persönlichkeiten hat diese Stadt

Albert Einstein-Autogrammkarte mit Original-Unterschrift.

Tradition und Zukunft

in ihrer Geschichte hervorgebracht, die sich doch alle in einem ähneln: dem Unwillen, bestehende Grenzen anzuerkennen, und der Tatkraft, scheinbar Unmögliches zu versuchen, ihre Visionen in die Tat umzusetzen. Auch wenn Albrecht Berblinger als der „Schneider von Ulm" eher als Spottfigur in die Annalen der Stadt eingegangen ist, so steht sein Flugversuch doch dafür. Seit 1986 verleiht die Stadt den „Berblinger-Preis" für Innovationen in der zivilen Luftfahrt. Experten zollen den Konstruktionen und Gleitflugapparaten Berblingers, der inzwischen als echter Flugpionier rehabilitiert ist, große Anerkennung. Was heute kaum noch jemand weiß: Berblinger, der eine gutgehende Schneiderwerkstatt am Münsterplatz hatte, war auch begabter Konstrukteur von orthopädischen Geräten und Beinprothesen. Seine „Kunstglieder" linderten das Leid vieler späterer Kriegsinvaliden.

In Ulm entwickelte Konrad Magirus seine berühmte Feuerwehrleiter und verschaffte der „hydraulische Kalk", besser bekannt als „Zement", des Apothekers Gustav Leube der Stadt Mitte des 19. Jahrhunderts einen wirtschaftlichen Aufschwung. Zu Anfang dieses Jahrhunderts widerlegte Albert Einstein, 1879 in Ulm geboren, das etablierte physikalische Weltbild. Und auch, oder wohl besser: gerade die Geschwister Sophie und Hans Scholl haben mit der „Weißen Rose" ein Beispiel gegeben für Tatkraft und Risikobereitschaft, das noch heute Respekt einflößt. Ihr Vater, Robert Scholl, war erster Ulmer Oberbürgermeister nach dem Zweiten Weltkrieg, die ältere Schwester, Inge Aicher-Scholl, gründete nach dem Krieg die Ulmer Volkshochschule, die als „vh" in der bundesrepublikanischen Frühphase eine ganz besondere Rolle einnahm.

Es ist durchaus ein Zeichen von Kontinuität, wenn Ulm nicht nur auf eine stolze Geschichte zurückblicken, sondern auch einer vielversprechenden Zukunft entgegensehen kann: Mit Nachdruck wird die Entwicklung der "Wissenschaftsstadt" vorangetrieben, die Ulm neben seiner Bedeutung als Industriestandort – für die Namen wie Iveco Magirus, Kögel und Gardena stehen – zum intellektuellen und innovativen Zentrum einer wirtschaftlichen und technologischen Schlüsselregion macht, die sich selbst das Ziel und Motto gegeben hat, "Spitze im Süden" zu sein. Mit neuen Konzepten einer engen Zusammenarbeit von Wissenschaft und Wirtschaft begegnet man hier adäquat den Herausforderungen der Zukunft. Auch für dieses qualitative Wachstum hat man in Ulm schon frühzeitig mit der Gründung der für moderne Formgebung wegweisenden Hochschule für Gestaltung 1955, einer

Ulm aus der Vogelperspektive.

Tradition und Zukunft

Tradition und Zukunft

Oberbürgermeister Ivo Gönner.

Fachhochschule 1960 und der Universität 1967 die nötigen Grundlagen geschaffen.

Ulm baut weiter auf dieses qualitative Wachstum, ein Wachstum an Wissen. Denn: Die Stärke und die Chancen der Stadt liegen in ihrer Fähigkeit zur Innovation. Mit der Ulmer „Innovationsoffensive" hat der Ulmer Gemeinderat zusammen mit Vertretern der Wirtschaft, der Forschung und der Wissenschaft die Profilierung der Wissenschaftsstadt strategisch weiterentwickelt.

Ziel dieser Offensive ist es, die Erkenntnisse und die Ergebnisse der Wissenschaftsstadt Ulm noch intensiver für die Schaffung neuer Arbeitsplätze in der Stadt und Region zu nutzen. Ein „Innovationsforum" hat Schlüsselkompetenzen herausgearbeitet, für die es hier am Ort vielversprechende Ansätze gibt, wie z.B. in den Bereichen Medizintechnologie, Biotechnologie, Telematik oder Service-Robotik, und fördert die anwendungsorientierte Verwertung durch konkrete Projekte.

Zukunftsfragen sind jedoch nicht ausschließlich Wirtschaftsfragen. In Ulm, das als ehemals freie Reichsstadt über ein traditionell selbstbewußtes, starkes Bürgertum verfügt, geht es auch um neue Formen der Partizipation und bürgerschaftlichen Engagements, wie sie in der „Ideenwerkstatt Ulm 2000", mit der Bürgerstiftung oder der Lobby-Card umgesetzt werden.

Und es geht um ökologische Grundsatzfragen. Die Stadt, die Mitglied im Klimabündnis der Städte ist, hat eine „Solarstiftung" zur Förderung regenerativer Energien ins Leben gerufen. Die Stadtwerke vergüten eingespeisten Solarstrom kostendeckend, auf Ulmer Dächern sind – umgerechnet auf die Einwohnerzahl – soviel Quadratmeter Kollektorfläche installiert wie in kaum einer anderen deutschen Stadt. Die Zukunft hat nicht nur im Baugebiet „Im Sonnenfeld", wo im Rahmen eines EXPO 2000-Projekts 120 Passivenergie-Häuser gebaut werden, bereits begonnen. Ulm, das heißt: Hier ist der Fortschritt mit Händen zu greifen – und auch das hat in Ulm Tradition.

Schwörbrief.

Unternehmensportrait

Die SWU:
Energie- und Mobilitätsdienstleister der Region

Die Stadtwerke Ulm/Neu-Ulm GmbH.

Stadtwerke Ulm/Neu-Ulm GmbH

Geschäftsführer:
Matthias Berz
Dr. Karl Roth

Vorsitzender des Aufsichtsrates:
Oberbürgermeister Ivo Gönner

Gründungsjahr:
1983

Mitarbeiter:
950

Umsatz:
350 Mio. DM

Produkte und Dienstleistungen:
Strom, Erdgas, Wärme, Trinkwasser, Öffentlicher Personennahverkehr, Wärme-Direkt-Service, Energieberatung, Telekommunikation, Erdgastankstelle

Anschrift:
Stadtwerke Ulm/Neu-Ulm GmbH
Karlstraße 1
89073 Ulm
Telefon: (0731) 166-0
Telefax: (0731) 166-1409
Internet: www.swu.de
e-mail: info@swu.de

Ohne Energie geht gar nichts. Auch nicht in Ulm und Neu-Ulm. Traditionell liefern hier die Stadtwerke Ulm/Neu-Ulm GmbH (SWU) sicher und zuverlässig Strom, Erdgas, Wärme und Trinkwasser. Mit ihren 100 Bussen und der Straßenbahnlinie 1 in Ulm trägt die SWU zum attraktiven Nahverkehrsangebot der Region bei.

Zu den Kunden der SWU zählen die rund 100.000 Haushalte der Region, die Industrie, die Hochschulen, Krankenhäuser, Freizeiteinrichtungen und die Kommunen.

Mit modernster Technologie überwacht die SWU das Netzwerk ihrer Versorgungsleitungen rund um die Uhr. Ergänzt durch die laufende stichprobenartige Kontrolle des Leitungsnetzes vor Ort kann die SWU damit die Hochwertigkeit ihrer Produkte im Sinne eines nahezu störungsfreien Angebots garantieren.

Die SWU steht für traditionelle Werte und Neuorientierung

Mit der Etablierung moderner Steuerungs- und Führungsinstrumente innerhalb des Betriebes und einer strukturellen Neuorientierung hat die SWU neben ihrer traditionellen Zuverlässigkeit den Grundstein für eine weitere Steigerung der Effizienz gelegt. Dies gilt besonders für den neu geschaffenen Bereich Energiehandel und Marketing, der für eine optimale Kundenorientierung steht.

Zukunftsorientiert zeigt sich die SWU auch bezüglich ihrer Geschäftsbereiche. Neben einem kundenorientierten Angebot der traditionellen Geschäftsfelder bietet die SWU auch neue Dienstleistungen an: In der Telekommunikation stellt die SWU Datenverbindungen bereit, im Bereich der EDV z.B. Abrechnungsdienstleistungen.

Der SWU-Wärme-Direkt-Service bietet Industrie und Gewerbe, Kommunen und Bauherren in Wohngebieten einen besonderen Service: Die Kunden brauchen sich um Themen wie „Heizung" und „Warmwasser" nicht mehr zu kümmern und können sich auf ihre eigentlichen Aufgaben konzentrieren. Das vorhandene Investitionsbudget wird nicht unnötig belastet, weil der SWU-Wärme-Direkt-Service die Finanzierung der neuen Heizungsanlage übernimmt. Auch für den Betrieb und die ökologisch und ökonomisch optimale Steuerung der Anlage ist dann die SWU verantwortlich. Kein Problem: denn die vom SWU-Wärme-Direkt-Service betreuten Heizanlagen werden rund um die Uhr in der Zentrale der SWU überwacht. Ein Bereitschaftsdienst zur Behebung von Störungen ist ständig verfügbar. ■

Die Versorgungsnetze der SWU werden rund um die Uhr in der zentralen Netzleitstelle überwacht.

Wirtschaftsstruktur

Attraktiv und aktiv: Ulm – Standort Zukunft

Was fällt einem ein, wenn von Ulm die Rede ist? Das Münster, der höchste Kirchturm der Welt? Die Donau, nicht als Grenze, schon eher als Brücke zur Nachbarstadt Neu-Ulm? Die malerische historische Altstadt? Und....?
Sicherlich zu recht. Doch Ulm ist mehr.

Ulm – Einkaufszentrum für eine halbe Million Kunden.

Walter Laitenberger

Der Autor wurde 1953 geboren und ist in Ulm aufgewachsen. Nach dem Abitur studierte er Rechtswissenschaften in Tübingen und London. Neben mehrjährigen Tätigkeiten in der Verkehrswirtschaft als Güterverkehrsdezernent und als Generalvertreter, war Walter Laitenberger Referent in der verkehrspolitischen Grundsatzabteilung des Bundesverkehrsministeriums und danach auch des Verkehrsministeriums des Landes Baden-Württemberg. Seit 1992 ist er Leiter der Zentralstelle des Oberbürgermeisters und unter anderem für die Koordinierung der Wirtschaftsförderung zuständig.

Zwischen den Wirtschaftspolen Stuttgart und München, gewinnt Ulm durch deren zunehmende Verdichtung und die sich daraus ergebenden Probleme immer mehr an Bedeutung.
Die Ballungsräume stoßen vermehrt an Grenzen: Umweltbelastung, Verkehrsdichte, hohe Grundstücks- bzw. Lebenshaltungskosten etc. weisen darauf hin, daß das Wachstumsoptimum erreicht ist und weitere Zuwachsraten mit mancherlei Nachteilen verbunden sind. Trotz seiner Verkehrsgunst vermeidet Ulm durch seine reizvolle Lage am Fuße der Schwäbischen Alb und am Zusammenfluß von Donau, Iller und Blau diese Nachteile weitgehend.

Ein Blick auf die Karte genügt: Ulm ist ein Verkehrsknotenpunkt, an dem in Süddeutschland kein Weg vorbeiführt. Die Autobahn A8 Stuttgart-München kreuzt hier die A7 Würzburg/Füssen/Lindau. Die regionale Verteilung

Wirtschaftsstruktur

Übersicht
Gewerbe- und Industriegebiete

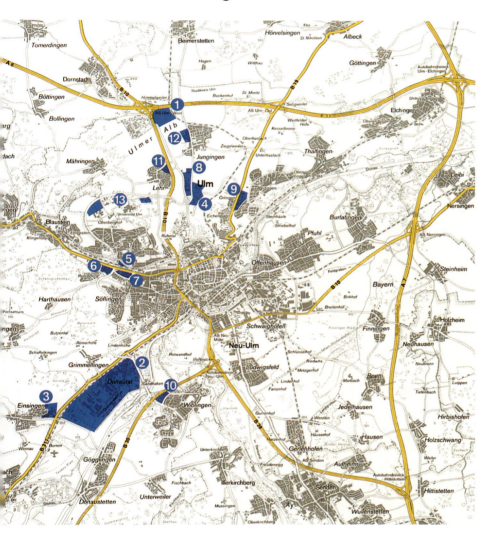

1 Gewerbegebiet Ulm-Nord
2 Ulm - Donautal
3 August-Nagel-Straße / Lämmerweg
4 Hörvelsinger Weg / Buchbrunnenweg
5 „Sonnenfeld"
6 Riedweg / Riedwiesenweg
7 Auchertwiesenweg
8 Franzenhauserweg
9 Eberhard-Finckh-Straße
10 Raiffeisenstraße / Schulze-Delitzsch-Weg
11 Industriestraße / Jerg-Wieland-Straße
12 Dornstadter Weg
13 Science Park I und II (Wissenschaftsstadt)

Oberzentrum in der grenzübergreifenden Region Donau-Iller. Die Einwohnerzahl des Oberzentrums beträgt ca. 165.000, die der Region Donau-Iller ca. 1.000.000 Einwohner. Die Verflechtungen in diesem Raum sind vielseitig, die Wechselbeziehungen von einem Land in das andere selbstverständlich. So ist für die Bewohner das Gemeinsame längst zum Alltag geworden. Fortschrittliches Miteinander sowie problemloses Nebeneinander kennzeichnen die lebendige „Doppelstadt" Ulm/Neu-Ulm.

Die wirtschaftliche Entwicklung der Stadt Ulm ist im wesentlichen durch die verarbeitende Industrie beeinflußt worden. Es dominierten die Branchen Fahrzeugbau und Elektrotechnik, die mit großbetrieblichen Strukturen die Wirtschaftsstruktur bis in die 80er Jahre hinein prägten. Ulm wies daher 1980 einen überdurchschnittlich hohen Anteil der Beschäftigten des produzierenden Gewerbes von rd. 55 % und einen unterdurchschnittlichen Anteil der Dienstleistungen von rd. 45 % auf.

Damals hatte Ulm die größte Industriedichte aller Städte Baden-Württembergs und, nach Schweinfurt und Wolfsburg, die drittgrößte in der Bundesrepublik. Drei Viertel der gewerblich Beschäftigen arbeiteten in der Metallindustrie und die weitaus meisten davon in den drei größten Betrieben der Stadt. Bald zeigte sich jedoch die Krisenanfälligkeit einer dermaßen einseitigen Wirtschaftsstruktur: Innerhalb weniger Jahre ließen Probleme im Nutzfahrzeugbau und in der Elektroindustrie die Zahl der Arbeitsplätze um 8.000 sinken und die Arbeitslosigkeit im Jahr 1984 auf die zeitweilig höchste Quote in Baden-Württemberg ansteigen.

Die politischen Antworten darauf lauteten in jener Zeit: Die Einseitigkeit der Wirtschaftsstruktur sollte ab- und die Funktion der Stadt als Handels-, Dienstleistungs-, Forschungs- und Technologiezentrum ausgebaut werden.

Ulm hat heute über 90.000 Arbeitsplätze. Gleichzeitig hat sich ein Strukturwandel vollzogen: Während sich das verarbeitende Gewerbe rückläufig zeigte, entwickelte sich der Dienstleistungssektor sehr positiv. Mit einem Anteil von knapp 64 % liegt die Stadt Ulm heute weit über dem Landesdurchschnitt. Ulm hat damit eine ausgeglichenere Wirtschaftsstruktur und ist damit auch weniger krisenanfällig. Diese Entwicklung ist in erster Linie auf den Ausbau und die Einrichtungen der Wissenschaftsstadt zurückzuführen. Der notwendige Strukturwandel schreitet umso schneller voran, je mehr Innovationen aus der Wissenschaftsstadt heraus

übernehmen Bundesstraßen, die sich im Oberzentrum Ulm/Neu-Ulm bündeln. Über den Eisenbahnknoten Ulm ist auch der Einstieg in den Hochgeschwindigkeitsverkehr der Bahn gegeben: ICE, EC, IC verkehren im attraktiven Takt. Die Flughäfen Stuttgart und München sind über die Straße wie auch über die Schiene in ca. einer Stunde zu erreichen.

Die strategisch äußerst günstige Lage auf der bedeutendsten Entwicklungsachse Süddeutschlands läßt diesen Raum zur europäischen Zukunftsregion aufsteigen. Durch die Öffnung des Ostens liegt der Wirtschaftsraum Ulm im Zentrum Europas. Die baden-württembergische Stadt Ulm mit ca. 115.000 Einwohnern bildet zusammen mit der bayerischen Stadt Neu-Ulm das

Wirtschaftsstruktur

Blautalcenter in der Weststadt.

entwickelt werden, je mehr die Umsetzung von Forschung in marktfähige Produkte gelingt und Stadt und Region davon profitieren.

Auch andere Daten zeigen eine positive Entwicklung:
Seit 1984 zeigt Ulm ein Bevölkerungswachstum von 17,3 % auf den momentanen Höchststand von über 115.000 Einwohnern, wobei die Gruppe der 18- bis 40 jährigen die größte Zunahme verzeichnet. Der Wachstumsprozess wird sich nach Schätzungen bis zum Jahr 2010 auf 122.000 weiterhin positiv entwickeln. Die zentrale Funktion der Stadt Ulm als Oberzentrum der Region Donau-Iller spiegelt sich im hohen Einpendlerüberschuß von 47.000 Personen wider. Den 53.996 Einpendlern stehen lediglich 7.172 Auspendler gegenüber.
Auch die Zahl der gemeldeten Betriebe hat sich positiv entwickelt. Sie hat im Zeitraum von 1984 bis 1997 um 2.825 bzw. 54 % auf 8.055 zugenommen.
Die Bruttowertschöpfung (je Erwerbstätigem) hat sich in Ulm im Zeitraum von 1980 bis 1994 mit einem Zuwachs von 106 % mehr als verdoppelt. Die Exportquote im verarbeitenden Gewerbe beträgt 35,7 %. Damit liegt Ulm an 3. Stelle der Stadtkreise in Baden-Württemberg.
Diese insgesamt positive Entwicklung und eine sich verfestigende Konjunktur lassen erwarten, daß die Aufwärtsentwicklung anhält, wenngleich die wirtschaftlichen Wachstums- und Ansiedlungspotentiale heute eng begrenzt und zudem einer starken Konkurrenz ausgesetzt sind.

In Ulm und der Region Donau-Iller sind die Branchen Maschinenbau, Straßenfahrzeug- und Metallbau, Elektrotechnik und innerhalb der chemischen Industrie die Pharmazie aber auch die Mikroelektronik und Medizintechnik stark vertreten. Ulmer Industrieunternehmen operieren auf den Weltmärkten; nur beispielhaft seien hier genannt: Iveco-Magirus (Nutzfahrzeuge, Brandschutzgeräte), Evo-Bus (früher Kässbohrer, Omnibusse), Kögel AG (LKW-Aufbauten und Anhänger), Wieland-Werke AG (Halbfabrikate und Sondererzeugnisse aus Kupferwerkstoffen), Daimler-Benz Aerospace AG (Sensorsysteme), Ratiopharm GmbH (Pharma), Merckle (Pharma), Schwenk (Baustoffe), UZIN (Klebstoffe), Gardena (Gartengeräte).

Neben den Großfirmen gibt es in Ulm aber auch ein breites Spektrum an leistungsfähigen mittelständischen Unternehmen. Handel, Gastronomie und Hotelgewerbe runden das hohe Leistungsangebot der Ulmer Wirtschaft ab. Zur Sicherung und Ausbau des Wirtschaftsstandortes sowie zur Aufwertung von Landschaftsschutz und Naherholung hat die Stadt ein ehrgeiziges „Zukunftsprogramm" zusammengestellt, dessen Projekte ein Volumen von knapp 300 Mio. DM, davon rd. 133 Mio aus dem städtischen Haushalt betragen (z.B. Handwerker- und Gewerbehöfe, Ausbau Ulm-Messe, Parkhaus, Neubau Stadtbibliothek, Sporthalle, Neugestaltung von Straßen und Plätzen). Ulm ist seit alters her ein wichtiger Handelsplatz mit einem weitgespannten Absatzgebiet, sowohl im Großhandels- als auch im Einzelhandelsbereich. Umfangreiche private Investitionen in der Innenstadt (z.B. Multiplex-Kinokomplex, moderne Kaufhauskonzepte, Passagen etc.) konnten von der Stadt angeregt bzw. in Zusammenarbeit mit den Projektträgern aktiv vorangetrieben werden. Das Volumen von weit über 100 Mio. DM zeigt, dass Ulm für Investoren interessant ist.

Seit 1952 entstanden zahlreiche Industrie- und Gewerbegebiete. In großem Maßstab im Donautal, in kleinerem Maßstab an verschiedenen Standorten im Stadtgebiet, meist an der Peripherie. Insgesamt wurden bis heute ca. 500 ha Industrie- und Gewerbeflächen ausgewiesen. Die weitere Entwicklung des Wirtschaftsstandortes Ulm wird sich im Ulmer Norden vollziehen. Dort entstehen in enger Kooperation mit der Wissenschaftsstadt zukunftsweisende Produktions- und Dienstleistungsbereiche. Die Stadt gewährt ein sehr hohes Maß an Planungssicherheit, schafft gute Rahmenbedingungen, die langfristige Dispositionen ermöglichen.

Wer sich in Ulm ansiedeln möchte, ist immer willkommen. Ausreichende Ansiedlungsmöglichkeiten sind z.B. im Gewerbegebiet Ulmer

Produktionsabteilung bei GARDENA.

Wirtschaftsstruktur

Takata/Siemens-Gebäude im Science-Park.

Norden (1. Stufe rd. 40 ha), das geprägt ist von seiner verkehrsgünstigen Lage (entlang A8, Containerbahnhof mit Güterverkehrszentrum geplant) und sich vor allem für den Logistikbereich, das produzierende Gewerbe (z.B. Handwerk) und sonstige Betriebe, die für die Wissenschaftsstadt relevant sind, eignet. In fußläufiger Entfernung zu den anderen Einrichtungen der Wissenschaftsstadt besteht für technologieorientierte Firmen die Möglichkeit, auf einem neu entwickelten Gelände (10 ha) selbst zu bauen bzw. auch durch die Städtische Projektentwicklungsgesellschaft bauen zu lassen. Wo vor einem Jahr noch eine Baustelle war, sind inzwischen die ersten Firmen eingezogen, wie die Firma Takata, Hersteller von Autosicherheitssystemen, mit Stammsitz in Japan, und Siemens, die ihre neue Abteilung für öffentliche Kommunikationsnetze, mobile Netze und Entwicklung mobiler Radiosysteme hier in Ulm aufbauen. Bald soll der zweite Bauabschnitt des Science Park II fertiggestellt sein. Auch für dieses Gebäude verhandelt die Stadt schon mit mehreren interessierten Firmen als Mieter. Die Stadt hat für diese Forschungs- und Betriebsgebäude über ca. 40 Mio, DM investiert; das bedeutet neue Arbeitsplätze.

Der Preis für ein komplett erschlossenes Betriebsgrundstück in Ulm liegt derzeit bei ca. 150 DM/m^2. Diese Preise liegen deutlich unter denen vergleichbarer Städte und ganz erheblich unter denen der benachbarten Zentren Stuttgart und München.

Neben der Technologiefabrik Ulm (TFU) zur Förderung junger, technologieorientierter Unternehmens- und Existenzgründer bietet das Innovationszentrum Ulm in einem High-tech-Gründerzentrum hochqualifizierten Ingenieuren, Technikern usw. die Möglichkeit, ein eigenes Unternehmen zu gründen und damit Arbeitsplätze für sich und weitere Mitarbeiter zu schaffen.

Über die Gewerbeflächenbörse, ein Service der Stadt Ulm, in Zusammenarbeit mit Maklern und freien Vermietern, finden Unternehmen und Investoren private und gewerbliche Objekte im Stadtgebiet, die zum Verkauf oder zur Anmietung aktuell angeboten werden.

Das TFU-InnovationsZentrum in der Sedanstraße.

Wirtschaftsstruktur

Der Eingang des Wöhrl-Plaza in der Fußgängerzone/Hirschstraße.

Ulm, Universitäts- sowie erste Wissenschaftsstadt Deutschlands, bietet mit Universität (6000 Studenten), Fachhochschule (2000 Studenten), Daimler-Benz-Forschungszentrum, Science-Park und den vom Land und der Wirtschaft gemeinsam getragenen sogenannten An-Instituten ein Umfeld, das eine enge Kooperation zwischen Grundlagenforschung, angewandter Forschung und Industrieforschung ermöglicht und damit gerade innovative Leistungen beschleunigt. Forschungsschwerpunkte sind u.a. Elektrotechnik, Informatik, Energietechnik, Medizintechnik und Technologiefolgenforschung auf dem Oberen Eselsberg, also die „klassischen Zunkunftstechnologien" der nächsten Jahre.

Daneben verfügt Ulm als klassische „Schulstadt" mit Gymnasien, Realschulen, Grund- und Hauptschulen, Volkshochschule, Verwaltungs- und Wirtschaftsakademie (VWA), beruflichen Schulen, Förderschulen, Fachschulen (Meisterschulen), Berufskollegs usw. über ein umfangreiches Bildungs- und Weiterbildungsangebot, so dass die Arbeitgeber mit einem qualifizierten Arbeitskräftepotential rechnen können bzw. alle Möglichkeiten einer beruflichen Weiterbildung gewährleistet sind.

Das Wachstum der Zukunft wird ein Wachstum durch Wissen sein. Wer den Wandel zur Informationsgesellschaft frühzeitig umsetzt, wer einen breiten Konsens in der Bevölkerung über den Wert der Informationstechniken erreicht, wird zu den Gewinnern der Strukturveränderungen zählen. Mit der Wissenschaftsstadt Ulm und ihren Einrichtungen stehen in unserer Region die Chancen dafür sehr gut. Das Forschungs- und Ausbildungspotential, insbesondere für die jungen Menschen, wurde verbessert; die Zusammenarbeit von Wissenschaft und Wirtschaft wurde intensiviert und damit wurde auch die Wirtschaftsstruktur der gesamten Region gestärkt.

Mit der „Ulmer Innovationsoffensive" hat der Ulmer Gemeinderat zusammen mit Vertretern der Wirtschaft, der Forschung und der Wissenschaft die Profilierung der Wissenschaftsstadt Ulm strategisch weiterentwickelt. Ziel dieser Offensive ist es, die Erkenntnisse und die Ergebnisse der Wissenschaftsstadt Ulm für die Gewinnung neuer Arbeitsplätze in der Stadt und in der Region noch intensiver zu nutzen.

Ein „Ulmer Innovationsforum", das aus Vertretern der Politik, der Wirtschaft und der Wissenschaftsstadt besteht, hat „Ulmer Kompetenzfelder" herausgearbeitet; damit wird die anwendungsorientierte Verwertung der Ergebnisse der Wissenschaftsstadt Ulm durch konkrete Projekte gefördert. Kompetenzen in Schlüsseltechnologien der Zukunft sind in der Region Ulm zu Hause:

Im Bereich der Informationstechnologie/Telematik werden Telematikdienste für Bürgerinnen und Bürger zur Förderung der Partizipation in der Demokratie entwickelt. Telematiknutzung für kleinere und mittelständische Unternehmen wird gefördert, der Aufbau eines Ulmer und regionalen Netzwerkes (TOWOS) wird vorangetrieben.

Mit dem Konzept „Biotechnologie-Region Ulm" werden Kooperationsprojekte, vor allem Unternehmensgründungen im Bereich der Biotechnologie, gefördert.

Wirtschaftsstruktur

Das Gewerbegebiet im Ulmer Norden bietet in der ersten Ausbaustufe 40 ha Gewerbefläche.

Mit der Erforschung und Entwicklung von Service-Robotik betreten wir hier in Ulm ein völlig neues, arbeitsplatzschaffendes Zukunftsgebiet.

Im Bereich der Umwelttechnologie hat die Stadt Ulm zusammen mit der Stadt Neu-Ulm sowie den Stadtwerken Ulm/Neu-Ulm die Solarstiftung Ulm/Neu-Ulm gegründet. Jährlich steht ein Betrag von 500.000 DM für anwendungsorientierte Projekte zur Verfügung, die neue Energiegewinnungsformen für private Haushalte, Wirtschaft, Handwerk und Dienstleistungen ermöglichen.

Zur Bewältigung der wirtschaftlich-strukturellen Probleme kommt der Förderung und der Unterstützung bei Unternehmensgründungen eine besondere Rolle zu. In Zusammenarbeit mit mehreren Partnern ist die Planungshilfe für Existenzgründungen „Box Dich durch" entwickelt worden., die bereits rund 100 Existenzgründern tatsächliche Starthilfe geleistet hat.

Mit der „Innovationsmesse ITP (Innovations-Technologie-Produktion)" haben die Stadt Ulm, die IHK Ulm und die Ulm-Messegesellschaft zusammen mit den wissenschaftlichen Einrichtungen dieses Jahr ein Schaufenster für die Innovationskraft unserer Region geboten. Hierzu hat die Ulmer Volksbank einen Innovationspreis ausgelobt, um den Mut zu Innovationen zu fördern.

Mit dem selbstbewußten Titel „Die Innovationsregion Ulm – Spitze im Süden" haben die Städte Ulm und Neu-Ulm, die Landkreise Alb-Donau und Neu-Ulm, die IHK Ulm und Unternehmen aus der Region ein ganzheitliches Marketingkonzept ausgearbeitet und werden dies in den nächsten Jahren zielgerecht umsetzen. Als Träger wurde der Verein zur Förderung der Innovationsregion gegründet.

Mehrere Untersuchungen und Studien zeigen, dass Ulm im Wettbewerb mit anderen Großstädten sehr gut bestehen kann. Da ist z.B. zu lesen:

„Ulm zählt zu den Aufsteigern unter den baden-württembergischen Großstädten. Eine konsolidierte Wirtschaftsstruktur mit neuen, weitreichenden Perspektiven (Wissenschaftsstadt) wie auch ein positives, situatives Umfeld, welches in naher Zukunft zu einer nicht unwesentlichen Aufwertung dieses Standorts führen wird, sind die entscheidenden Pluspunkte."

- Ausgesprochen dynamisch entwickelte sich der Ausbau der Forschungskapazitäten in Ulm. Die Forschungsintensität ist hier die höchste in ganz Baden-Württemberg. Der Grund dafür ist vor allem der forcierte Ausbau der Wissenschaftsstadt als Kristallisationskern wissenschaftlicher Aktivitäten („Euro-Gewinner und Verlierer, die baden-württembergischen Großstädte im wirtschaftlichen Standortwettbewerb der EG").

- Im „Job-Atlas 1995" zur Zukunft der deutschen Wirtschaft rangiert Ulm von 444 untersuchten Standorten hinsichtlich der Chancen für neue Arbeitsplätze auf Rang 31, was nach der Klassifikation der Studie einen hohen Jobindex und sehr gute Chancen auf dem Arbeitsmarkt bedeuten (Focus). In der Untersuchung „Städte mit Zukunft" wurde Ulm zu den Gewinnern auf dem Immobilienmarkt gezählt: „.... Ulm hat in jüngster Zeit eine äußerst erfolgreiche Technologiepolitik betrieben. Moderne Dienstleistungs- und Forschungs-einrichtungen sowie die landschaftlich reizvolle Lage versprechen für Immobilien eine dynamische Wertentwicklung" (Capital).

- Als Arbeitsmarkt steht Ulm heute mit an der Spitze bundesdeutscher Städte. Die Stadt rangiert im Verhältnis von gemeldeten Bürgern und sozialversicherungspflichtigen Beschäftigten auf Platz 4 (Institut der Deutschen Wirtschaft (IW)).

Soweit die Stimmen von außen. Sie bestätigen, dass Ulm auf dem richtigen Weg ist. Sie geben jedoch keineswegs Anlaß, in den Anstrengungen nachzulassen, den Standort im Wettbewerb weiter aktiv zu stärken, und seine Attraktivität zu steigern. Für gesundes Selbstvertrauen gibt es gute Gründe – für Optimismus auch.

Unternehmensportrait

Die Zukunft der Bahn ist eine Zukunft ohne Signale

Adtranz (Signal) entwickelt die Technik von morgen: effiziente satellitengestützte Zugleit- und Zugmeldetechnik

ABB Daimler-Benz Transportation (Signal) GmbH

Kompetenzzentrum Ulm

Leiter des Kompetenzzentrums:
Dr. Joachim Winter

Geschäftstätigkeit:
Entwicklung von satellitengestützter Zugleit- und Zugmeldetechnik

Anschrift:
Lise-Meitner-Straße 4
89081 Ulm
Telefon (0731) 392 4205
e-mail: info.ulm@bra.adtranz.de

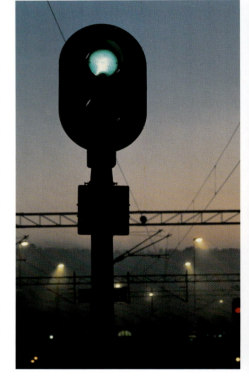

Adtranz (ABB Daimler-Benz Transportation) ist einer der führenden Anbieter von Bahnsystemen weltweit. Derzeit beschäftigt der Konzern 23.000 Mitarbeiter in Produktionsstätten in 60 Ländern und zusätzlichen Vertretungen in weiteren 40 Ländern.

Im Kompetenzzentrum Ulm der Adtranz wird zur Zeit eine neue Generation des funkferngesteuerten Signalbetriebs entwickelt. Hier entsteht schon die Technik von morgen: Züge, die sich mit Satellitenhilfe selbst orten und per Funk im ständigen Kontakt mit Leitstellen, Stellwerken und Bahnübergängen stehen. Diese neue Technologie zeichnet sich durch wesentlich geringere Infrastrukturkosten und einen hohen Automatisierungsgrad aus. So werden die Ulmer Forschungsergebnisse vor allem für Regionalstrecken interessant, deren Betriebskosten besonders hoch liegen.

Wie funktioniert die neue Technologie?

Die globalen Navigationssatellitensysteme GPS und GLONASS verfügen jeweils über 24 Satelliten, die sich auf Umlaufbahnen in ca. 20.000 km Höhe um die Erde bewegen. Um mit Hilfe dieser Satelliten die Position eines Fahrzeuges zu bestimmen, werden die Signale von mindestens vier Satelliten genutzt. Durch den Empfang eines fünften oder sogar sechsten Satelliten kann ein fehlerhaftes Satellitensignal identifiziert und eliminiert werden. Die korrekte Positionsdarstellung ist somit in jedem Fall sichergestellt.

Bei Verfügbarkeit einer digitalen Karte der Bahnstrecken lassen sich durch Zuordnung zu der mittels Satelliten berechneten Position Streckennummer und Streckenkilometer im Streckennetz der Bahn bestimmen. So ist gewährleistet, daß einem Triebfahrzeug mit großer Zuverlässigkeit auch bei hoher Geschwindigkeit die aktuelle eigene Position zur Verfügung steht. Die Leitstelle ist via Datenfunk ebenfalls über die Position des Fahrzeuges informiert.

Eine zusätzliche Stützung im Sinne der kontinuierlichen Verfügbarkeit der Ortungsinformation wird durch eine an einer Achse des Fahrzeuges befindliche Sensorik (Odometer) erreicht. Bei Nichtverfügbarkeit der Satellitensignale, bedingt durch Abschattung wie das Durchfahren eines Tunnels, werden so die Ortungsinformationen fortgeschrieben.

Der Sicherheitsstandard auf Regionalstrecken kann durch kooperative Überwachung zwischen Triebfahrzeugführer und Fahrzeugrechner erhöht werden. Das kosteneffiziente Verkehrsleitkonzept des Verkehrsträgers Schiene bedingt eine Neuzuordnung der „Intelligenzen" zwischen Leitstelle und Fahrzeug. Die zentrale Steuerung aus der Leitstelle heraus weicht intelligenten Fahrzeugen. Die einzelnen Fahrzeuge steuern die Fahrwegelemente via Datenfunk selbst.

Die Satellitentechnologie bildet somit die technologische Basis für ein kooperatives Verkehrsmanagement des Verkehrsträgers Schiene und ersetzt die bisherige kapital- und wartungsintensive Zugleit- und Zugmeldetechnik. Die hohe Genauigkeit und Zuverlässigkeit führt zu einem deutlichen „Mehr" an betrieblicher Flexibilität und zu einer Steigerung des bisherigen Sicherheitsniveaus.

Unternehmensportrait

Dasa Ulm: High-Tech für die Zukunft

Der Ulmer Bereich für Verteidigungselektronik richtet sich auf eine erfolgreiche Zukunft aus

Der Standort Ulm der Daimler-Benz Aerospace AG (Dasa).

Daimler-Benz Aerospace AG

Verteidigung und Zivile Systeme

Leiter des Geschäftsbereiches:
Werner Heinzmann (Dasa-Vorstandsmitglied)

Gründungsjahr:
1903

Mitarbeiter:
2.850

Geschäftstätigkeit:
Entwicklung, Fertigung, Vertrieb und Logistik für Verteidigungselektronik

Kunden:
weltweit

Anschrift:
Wörthstraße 85
89070 Ulm
Telefon: (0731) 392-0
Telefax: (0731) 392-3393
Internet: www.dasa.de

Der zum Geschäftsbereich Verteidigung und Zivile Systeme der Daimler-Benz Aerospace AG (Dasa) gehörende Standort Ulm beschäftigt rund 2.850 Mitarbeiter, fast die Hälfte davon sind Ingenieure. Das High-Tech-Unternehmen, das auf vielen Gebieten - vor allem im Bereich der Zukunftstechnologien - eng mit dem Daimler-Benz Forschungszentrum in Ulm zusammenarbeitet, ist in der Region einer der großen Arbeitgeber und ein wesentlicher Wirtschaftsfaktor. Das Unternehmen verfügt über jahrzehntelange Erfahrungen, herausragende Systemkompetenz und Know-how in der Verteidigungstechnik – insbesondere in der Verteidigungselektronik – für Heer, Luftwaffe und Marine.

Sein Produkt- und Leistungsspektrum umfaßt die Bereiche Funksysteme, Boden/Schiffssyteme, Bordsysteme und Flugkörperelektronik. Aufgrund ihrer Produktvielfalt ist die Dasa Ulm weltweit eine der führenden Firmen für Radartechnologien und -systeme, elektronische Kampfführung (EloKa) und Funkkommunikation.

Der Ulmer Dasa-Bereich versteht sich als kompetenter Partner im Bereich Verteidigungselektronik in Deutschland und in anderen, vor allem europäischen Ländern.

Die Dasa in Ulm ist *die* deutsche High-Tech-Firma für die Bereiche Funk, Radar und EloKa, in Deutschland ist sie die "Nummer Eins" auf dem Radar-Sektor. Im Bereich EloKa ist sie ebenfalls der Partner der Bundeswehr und wird künftig auch im europäischen Markt als die deutsche EloKa-Firma gelten. Außerdem befaßt sie sich intensiv mit Zukunftstechnologien, wie z.B. Multisensorik und Active Phased Array; für letzteres wurde in Ulm eine Gallium-Arsenid Foundry und eine Microwave Factory errichtet. Die Strategie sieht weiteren Ausbau des Kerngeschäfts Verteidigungselektronik und Internationalisierung sowie Fokussierung auf einige zivile Geschäfte vor; bei letzteren konzentriert sich die Dasa Ulm ganz bewußt auf Spezialgebiete, wie z.B. Kfz-Sensorik, Spracherkennung und Verkehrsleittechnik See.

Die konsequente Kunden- und Marktorientierung der Dasa Ulm wird durch die in den letzten Jahren realisierte Center-Strategie unterstrichen: Marktnahe und leistungsfähige Kompetenzzentren haben die Verantwortung für das operative Geschäft; hinzu kommen Leistungszentren mit Querschnittsfunktionen, z.B. für Finanzen und Controlling, Personal und Bildung sowie für Technik und Zukunftstechnologien.

Die Ulmer Dasa hat in den letzten Jahren verschiedene Maßnahmen zur Effizienzsteigerung unternommen und in neue Technologien und Produkte investiert. Auch künftig wird sie alles daran setzen, um Kostenreduzierungen und höhere Produktivität sowie Auftrags- und Umsatzsteigerungen zu erreichen und die Arbeitsplätze auf einem stabilen Nveau zu halten. Die Dasa Ulm verfügt über das Technologie- und Mitarbeiterpotential für eine aussichtsreiche Zukunft. ■

Prototyp eines Sende-/Empfangs-Moduls in Gallium-Arsenid-Technologie.

Handel

Ulm aus Unternehmersicht: Was diesen Wirtschaftsstandort so interessant macht

Begünstigt durch die geografische Lage entwickelte sich die traditionsreiche Handelsstadt Ulm zu einem interessanten Industriestandort. War früher die Donau der wichtigste Handelsweg, so sind heute die Anbindung an ICE-Fernzüge, ein gut ausgebautes Autobahnnetz und die schnelle Erreichbarkeit der internationalen Flughäfen Stuttgart und München von größter Bedeutung.

Ulm bildet zusammen mit der Nachbarstadt Neu-Ulm das Oberzenttum einer grenzüberschreitenden Region, die baden-württembergische und bayerische Gebiete umfasst und als wirtschaftlicher und kultureller Mittelpunkt in beiden Funktionen weit über die Regionsgrenzen hinausgreift. Der Schwerpunkt der in Ulm angesiedelten Industrie ist der Fahrzeugbau. Weltbekannte Unternehmen wie Iveco, Evo-Bus, Daimler-Benz und Kögel tragen den Namen unserer Stadt in die ganze Welt. Dank einer vorausschauenden Kommunalpolitik konnten durch die rechtzeitige Erschließung neuer Industriegebiete auch immer neue wirtschaftliche Kapazitäten geschaffen werden, deren hochwertige Produkte ebenso in alle Welt gehen. Beispiele dafür sind die Schwenk-Zementwerke, Wieland AG, DASA, Ratiopharm, GARDENA. Daneben gibt es noch einen starken mittelständisch geprägten Maschinenbau und die KFZ-Zulieferindustrie, die sich auf den nationalen und internationalen Märkten durchsetzen.

Die Firma GARDENA wurde 1961 in Nürnberg gegründet. Die kurz danach erfolgte Verlagerung der Firma nach Ulm haben wir nie bereut. Die topografische Lage der Stadt hat sich von Anfang an als ideal erwiesen. Im Industriegebiet Donautal haben wir geeignete Grundstücksflächen für unser expandierendes Unternehmen gefunden. Der Wirtschaftsraum Ulm/Neu-Ulm ist gleichzeitig ein Bildungs- und Kulturzentrum und

Werner Kress

Der Autor Werner Kress ist Autodidakt und Erfinder, Unternehmer und gründete 1961 das Unternehmen GARDENA Kress + Kastner GmbH.
Seitdem ist er geschäftsführender Gesellschafter und seit 1996 Vorstandsvorsitzender der GARDENA Holding AG.
GARDENA ist heute europäischer Marktführer im Bereich Gartengeräte.

Firmensitz der GARDENA.

Handel

somit ein günstiges Umfeld für die Entwicklung unserer innovativen Produktideen.

Die in Ulm ansässige Hochschule für Gestaltung war weit über die Landesgrenzen hinaus bekannt. In der Tradition des Bauhauses wurde hier Gestaltung von vorbildlichem Industriedesign bis hin zur visuellen Kommunikation gelehrt. Wenn auch der Versuch, das private Institut in öffentliche Bildungssysteme einzugliedern scheiterte, so profitiert die Stadt doch bis heute vom Geist der HfG, von vielen gut ausgebildeten und qualifizierten Hochschulabgängern, die sich teilweise in Ulm mit renommierten Designbüros niedergelassen haben.

Das Bildungswesen in Ulm zeichnet sich heute aus durch zahlreiche gewerbliche Berufsschulen, Fachhochschulen und durch die medizinisch-naturwissenschaftliche Universität mit Ingenieurwissenschaften. Um die Universität haben sich mittlerweile verschiedene privatwissenschattliche Institute angesiedelt, die neben der Grundlagenforschung Anwendungs- und Energietechnik sowie produktbezogene Forschung betreiben. Die Wissenschaftsstadt Ulm versucht in enger Zusammenarbeit von Wissenschaft und Wirtschaft, Land und Kommune die Herausforderungen eines neuerlichen Strukturwandels und damit die Zukunft zu bewältigen. Mit diesem Wissenschaftszentrum verfügt die ansässige Industrie über eine bessere Anteilnahme an Forschungsergebnissen und hat Zugriff auf qualifizierte und erfindungsreiche Arbeitskräfte.

Aber nicht zuletzt sind es natürlich die Menschen, die eine Region prägen. Der Schwabe ist dafür bekannt, zuverlässig und fleißig zu sein. Liebenswert ist er allemal und durch den Zuzug der letzten Jahre aus den verschiedensten nationalen und internationalen Regionen, ergibt sich ein kultureller Mix, der die Atmosphäre der Stadt günstig beeinflußt. Es ist nicht schwer, neue Mitarbeiter für den Standort Ulm zu begeistern. Schließlich ist Ulm eine architektonisch sehr schöne Stadt, die auch kulturell viel zu bieten hat. Sie ist am Fuße der Schwäbischen Alb gelegen. Bodensee, Schwarzwald und die Alpen sind in greifbarer Nähe. Die beiden Landeshauptstädte sind circa eine Autostunde entfernt. Ulm hat qualitätsvollen Wohnraum zu bieten und die Grundstückspreise unterscheiden sich erfreulich von denen der angrenzenden Verdichtungsräume Stuttgart und München.

Diese Fülle unschätzbarer Werte qualifizieren unseren Standort Ulm für Industrie und dienstleistungsorientierte Unternehmen. ■

Unternehmensportrait

SIEMENS

Siemens AG

Vorsitzender des Vorstandes:
Dr. Heinrich von Pierer

Gründungsjahr:
1837

Mitarbeiter:
weltweit 386.000 (1997)

Jahresumsatz:
106,9 Milliarden DM (1997)

Anschrift:
Wittelsbacherplatz 2
80333 München

Lise-Meitner-Straße 5
89081 Ulm

Telekommunikation für das nächste Jahrhundert – Siemens in Ulm

Ein neuer High-tech-Standort für die Entwicklung von innovativer Mobilfunktechnologie

Nur wer in Menschen und Ideen investiert, kann Neues entwickeln und im Markt etwas bewegen. Siemens hat sich seit seiner Gründung vor 150 Jahren dieser Handlungsweise verpflichtet. Die globale mobile Kommunikation ist dabei eine der faszinierendsten Anwendungen moderner Technologien und damit Träger ständiger Innovation. Heute schon laufen mehr als ein Drittel aller Mobilfunkgespräche auf der Welt über Siemens-Technik, und über 100 Betreiber in mehr als 60 Ländern setzen auf die Zuverlässigkeit und Leistungsfähigkeit von Siemens Mobilfunkeinrichtungen.

Firmensitz in Ulm.

Mit großem Erfolg stellt sich das Unternehmen auch den neuesten Herausforderungen dieses weltweiten Marktes. Immer mehr Teilnehmer, neue multimediale Anwendungen, immer kürzere Entwicklungszeiten: Kaum ein anderer Bereich entfaltet eine solche Dynamik wie die mobile Kommunikation. Das verlangt nach modernster Technik, aber auch nach Erreichbarkeit, laufendem Kundenkontakt und dem Willen, das scheinbar Unmögliche möglich zu machen. Siemens investiert deswegen nicht nur in die Entwicklung leistungsfähiger Systemwelten, sondern auch in seine Mitarbeiter. Ihre Qualifikation und Motivation sind der Schlüssel für den Erfolg. Denn Menschen, die Faszination und Engagement für ihren Beruf zeigen, leisten auch Besonderes für ihre Kunden.

Die sogenannte 3. Generation von Mobilfunk-Einrichtungen wird das Geschäft der nächsten Dekade bestimmen: mit UMTS (Universal Mobile Telecommunication System) kommt eine neue, leistungsfähige Mobilfunkgeneration auf den weltweiten Markt. Um dafür gerüstet zu sein, treibt Siemens den nötigen Kompetenzaufbau auf dem Gebiet der Radio Subsysteme/Basisstationen stark voran. Im Herbst 1997 gab Siemens in Ulm den Startschuß für das Entwicklungszentrum von neuen Radio Subsystemen, die weltweit vermarktet werden. Ausschlaggebend für die Entscheidung, in Ulm einen zusätzlichen Standort für die Entwicklung von Mobilfunktechnologie einzurichten, waren mehrere Gründe: so bietet Ulm als aufstrebender Wissenschaftsstandort mit seinem Konzept des „Science Park II" hervorragende Voraussetzungen für eine schnelle Realisierung. Das im April 1998 fertiggestellte neue Gebäude am „Oberen Eselsberg" in Ulm eignet sich ausgezeichnet für das Vorhaben von Siemens, modernste Mobilfunktechnologien für den weltweiten Einsatz zuentwickeln. Die unmittelbare Nähe zur Universität Ulm und zur im Ausbau befindlichen Fachhochschule sind weitere Vorteile – hier kann Siemens im Rahmen seines neuen Entwicklungszentrums interessante, zukunftsorientierte Arbeitsplätze für Absolventen bieten. Eine enge Zusammenarbeit mit den entsprechenden Instituten bringt für alle Beteiligten Vorteile.

Für die neuen Herausforderungen des Marktes und den damit verbundenen Chancen werden modernste Mobilfunktechnologien und kompetente Fachleute benötigt – Ulm's Tradition auf dem Gebiet der Funktechnik macht's möglich und liefert innovative Lösungen für mobile Telekommunikation „Made in Germany" für die ganze Welt. ■

Siemens-Labor.

Unternehmensportrait

Funk für Profis – analog und digital

AEG Mobile Communication ist ein starker Partner für Polizei, Sicherheitsorganisationen, Industrie, Bahnen, Flughäfen

Die AEG Mobile Communication ist im Bereich PMR – Professional Mobile Radio – ein starker Partner für Polizei, Sicherheitsorganisationen, Industrie, Bahnen, Flughäfen, Energieversorgungsunternehmen und für den Öffentlichen Personennahverkehr. Durch seine Zugehörigkeit zu Matra Nortel Communications ist das Unternehmen in einen weltweiten Konzernverbund integriert, der zu den erfolgreichsten und innovativsten auf dem Telekommunikationsmarkt gehört.

AEG Mobile Communication hat es schon immer verstanden, die Errungenschaften der Gegenwart mit den Neuerungen der Zukunft zu verbinden. So ist das Unternehmen einer der führenden Anbieter sowohl bei analogen als auch bei digitalen professionellen Funksystemen und -geräten. Für alle PMR-Einsatzbereiche werden anwenderorientierte Lösungen entwickelt, die auf die jeweiligen Bedürfnisse des Kunden zugeschnitten sind.

Im gegenwärtigen Umbruch vom analogen zum digitalen Funkzeitalter sind dies bedeutsame Faktoren. Dank des umfassenden Know-hows und der profunden Kenntnisse des Marktes ist AEG Mobile Communication in der Lage, diesen Umbruch aktiv mitzugestalten und seinen Kunden zukunftssichere Lösungen bieten zu können.

Mit dem digitalen Funksystem Tetrapol hat die Zukunft schon begonnen: Weltweit über 20 bereits in Betrieb gegangene oder im Aufbau befindliche Netze sprechen für den Erfolg des einzigen volldigitalen PMR-Systems, das sich in der Praxis bewährt hat.

Die Entwicklung dieser Digitaltechnik wird auch zukünftig weiter vorangetrieben. Eine innovative Generation des Handfunkgeräts „S" für Tetrapol setzt neue Maßstäbe in bezug auf Sicherheit, Leistung und Flexibilität.

AEG Mobile Communication ist also auf die digitale Zukunft bestens vorbereitet – zum Nutzen der Kunden.

Tetrapol, der digitale Standard für Betriebsfunknetze, setzt sich europaweit durch. In Deutschland sind u. a. Projekte bei Audi und BMW, bei den Berliner Verkehrsbetrieben und am Flughafen Frankfurt realisiert. Ausgerüstet ist damit auch die französische Polizei und das Schweizer Sicherheits- und Rettungsfunknetz.

In Deutschland garantiert das flächendeckende Niederlassungs- und Vertriebsnetz der AEG Mobile Communication Kundennähe und professionelle Unterstützung vor Ort. Am Standort Ulm sind Entwicklung, Produktmanagement und Marketing zu Hause, in Berlin ist die Produktion angesiedelt. Im internationalen Geschäft sorgen die örtlichen Vertretungen der Matra Nortel Communications für beste Verbindungen. ∎

AEG
AEG MOBILE COMMUNICATION

AEG Mobile Communication GmbH

Ein Unternehmen der
Matra Nortel Communications-Gruppe, Paris

Geschäftsführung:
Dr. Matthias Bierling
Reiner Winkelbauer
Hugo Bagué
Hans-Ekkehard Domröse

Geschäftstätigkeit:
Professional Mobile Radio (PMR)
Nichtöffentliche Funkkommunikation für
· Sicherheitsbehörden und -organisationen
· Bahnen
· Flughäfen
· Öffentliche Verkehrsbetriebe
· Energieversorgungsunternehmen
· Industrie

Umsatz:
160 Mio. DM (1997)

Mitarbeiter:
500 (1997)

Anschrift:
Wilhelm-Runge-Straße 11
89081 Ulm
Telefon (0731) 505-02
Telefax (0731) 505-18 00
www.aegmc.de

Perspektiven

Die enormen Wachstumschancen eines Wirtschaftszentrums mit traditionell hoher Leistungskraft

Die Stadt Ulm, die Nachbarstadt Neu-Ulm und die entsprechende großräumige Region bilden einen Wirtschaftsstandort mit ganz enormem Potential. Es ist dies eine der wichtigen Wachstumsregionen in neuen, innovativen Feldern der Wertschöpfung in Europa. Von außen her ist dies auf den ersten Blick vielleicht nicht sofort erkennbar; da erscheint Ulm/Neu-Ulm als ein städtisches Umfeld mit etwa 170.000 Einwohnern, das aus der Sicht von Bayern wie von Baden-Württemberg an der Landesgrenze liegt, also eher in einer Randlage. Bei näherem Hinsehen erkennt man aber die enormen Wachstumschancen des Standortes in seiner zentralen Lage zwischen München und Stuttgart, mit seiner gewachsenen Tradition als Wirtschaftszentrum hoher Leistungsfähigkeit. Man stößt auf Firmennamen mit Klang und Tradition wie Wieland, Gardena, Merckle-Ratiopharm, Kässbohrer (heute EVO Bus), IVECO, AEG Telefunken (heute DASA) und viele andere mehr.

Dann bemerkt man auch, daß das größte Forschungszentrum von Daimler Benz außerhalb Stuttgarts in Ulm liegt, ebenso die größte Offsetdruckerei Deutschlands und daß es hier extrem viele leistungsfähige Speditionen, Designer, innovative kleinere und mittlere Unternehmen im produzierenden Gewerbe und im Handels- und Dienstleistungsbereich gibt. Ulm besitzt auch eine leistungsfähige Universität mit attraktiven Studiengängen in den Bereichen Medizin, Natur- sowie Ingenieurwissenschaften, Informatik, Mathematik und Wirtschaftsmathematik inkl. mehrerer Sonderforschungsbereiche der Deutschen Forschungsgemeinschaft (DFG), ferner eine Reihe leistungsfähiger Forschungszentren und Forschungsinstitute. Desweiteren gibt es in Ulm und Neu-Ulm zwei Fachhochschulen im wirtschaftlichen und technischen Bereich und eine lange Tradition der Ausbildung im Design, in Anknüpfung an die frühere Ulmer Hochschule für Gestaltung (HfG). Ulm ist ein wichtiger Standort für Biotechnologie, Medizintechnik, die Entwicklung neuer Chiptechnologien, Wissensverarbeitung und Informationstechnik, mit vielen dynamischen jungen Firmen und einer großen Zahl von Neugründungen.

„Die gesamte Breite und Fülle des Wirtschaftsstandortes Ulm und der Region wurde erstmals auf der neuen Messe *ITP Ulm '98-Messe für*

Die Wissenschaftsstadt aus der Vogelperspektive.

Prof. Dr. Dr. Franz Josef Radermacher

Der Autor ist Jahrgang 1950, verheiratet, hat einen Sohn. Promovierter Mathematiker und Wirtschaftswissenschaftler (RWTH Aachen 1974, Universität Karlsruhe 1976), Habilitation in Mathematik an der RWTH Aachen 1982. 1983-1987 Professor für Angewandte Informatik an der Universität Passau. Seit 1987 Leiter des Forschungsinstituts für anwendungsorientierte Wissensverarbeitung (FAW) in Ulm. Gleichzeitig Berufung auf eine Professur für Datenbanken und künstliche Intelligenz an der Universität Ulm. 1988-1992 Präsident der Gesellschaft für Mathematik, Ökonomie und Operations Research (GMÖOR). 1990/91 Gründungssprecher der Arbeitsgemeinschaft der deutschen KI-Institute (AKI). Seit 1990 ist der Autor Mitglied der verschiedensten Arbeitsgruppen, Foren und Kommissionen, die im Anschluß an diesen Beitrag im einzelnen genannt werden.

innovatives Denken präsentiert. Sie soll ein Marktplatz für **I**nnovation, **T**echnologie und **P**roduktion sein. Diese bereits beim Start erfolgreiche Messe soll im zweijährigen Turnus im Jahr 2000 wieder stattfinden."

Das alles kommt nicht von ungefähr; denn Ulm profitiert nicht nur von einer gewachsenen industriellen Tradition des Schwabenlandes, Ulm besitzt auch eine Toplage in Deutschland und Europa: Ulm liegt in der Mitte zwischen Stuttgart und München, mit stündlichem ICE-Verkehr zu diesen Städten, zugleich an einem Schnittpunkt der großen Autobahnen von Nord nach Süd und von Ost nach West. Ulm liegt in einem wirtschaftlichen Gravitationszentrum Europas und im Kernbereich der sogenannten vier Motoren Europas. In einer Entfernung von einer Stunde finden sich weiter in Richtung Bodensee Firmen wie MTU, Dornier, ZF Friedrichshafen, Zeppelin, Liebherr, Boehringer Ingelheim (früher Thomae) und in Richtung Aalen und Heidenheim Firmen wie Zeiss, Voith, usw. Hinzu kommt, daß die Stadt Ulm ungewöhnlich große Anstrengungen im Bereich der Innovationsorientierung unternimmt. Hier kann auf einen breiten Konsens in der Politik, über alle Parteien hinweg, zwischen Ulm und Neu-Ulm mit IHK, Handwerkskammer, Firmen, Wissenschaft, Gewerkschaften, Verbänden und anderen Institutionen aufgebaut werden. Es ist ja oft so, daß Städte mittlerer Größe durch die besonderen Möglichkeiten einer dichten Kommunikation, durch eine klare Orientierung und kurze Wege vieles schneller und effizienter vorantreiben können, als große Zentren.

Ulm tut dies seit Jahren mit der systematischen Verbesserung seiner eigenen Infrastruktur durch Stadtqualitätsprogramme, aber auch durch eine breit angelegte Innovationsoffensive, die in ihrer Vielgestaltigkeit ungewöhnlich ist. In den letzten Jahren haben Ulm und Neu-Ulm zweistellige Millionenbeträge in ein Stadt- und Informationsnetz, in die Verbesserung öffentlicher Informationsdienstleistungen, elektronisch gestützte Planungsmechanismen, mehr Partizipation der Bürger usw. investiert, auch mit großer Unterstützung und Begeisterung seitens der Bürger.

Gasturm an der Uni.

Ulm betreibt Innovationen im Bereich der Biotechnologie, der Medizintechnik, der Telekommunikation, der Verkehrstelematik und im Bereich der Servicerobotik. Ulm schreibt innovative Preise aus wie den Berblinger-Preis, der zum weltweit ersten solargetriebenen Flugzeug geführt hat. Ulm ist im Bereich der Telekommunikation ganz vorne mit dem Aufbau einer städtischen und lokalen Infrastruktur, Neu-Ulm realisiert zur Zeit den Bau eines großen Televiertels. Ulm hat auch erheblich in einen Science-Park investiert; hier sind mittlerweile bedeutende Firmen wie Siemens, debis und Takata ansässig. Die Verluste von Arbeitsplätzen im klassischen Industriebereich werden kompensiert durch neue, innovative Dienstleistungen. Wenn man hier ein Resümée zieht, dann ist die wirtschaftliche Ausgangslage in Ulm gut, gefördert durch die exzellente Lage, den Willen der Akteure, den Zusammenhalt der Verantwortlichen und die generelle Innovationsorientierung der Bürger.

Der Oberbürgermeister von Ulm, Ivo Gönner, positioniert die Stadt als eine Stadt des Wissens und der Zukunft. Wissen ist die Voraussetzung für die Zukunft der Städte über-haupt. Ulm begleitet sein Projekt Wissenschaftsstadt aktiv; hierzu gehören

Im Science-Park in der Aufbauphase.

Perspektiven

Münster und Stadthaus.

neue Wohngebiete, neue Messe-, Kongreß- und Tagungsmöglichkeiten, ein Stadthaus mit höchster städtebaulicher Qualität. Die Stadt folgt bei alledem der Leitidee: „Wirtschaftsregion Ulm – Spitze im Süden". Aber sie bleibt dabei auch eine Stadt der Kultur, der Feste, der Kunst. Ulm, als Stadt der Zukunft, ist eine Stadt der Innovation. Die Ulmer Innovationsoffensive, vom Gemeinderat zusammen mit Wirtschaft, Forschung und Wissenschaft vorangetrieben, ist ein zentrales Element der Zukunftsorientierung; ein Ulmer Innovationsforum koordiniert die entsprechenden Prozesse. Ulm versteht sich als eine Stadt der Zukunft, aber auch als eine Stadt der Kooperation, auch im internationalen Bereich, und im besonderen entlang der historischen Donauachse. Entlang dieser Achse treffen wir in Europa auf viele Probleme des Nord-Süd-Gefälles und der Multikulturalität, die auch charakteristisch für die internationalen Problemkonstellationen sind. Ulm sieht sich zugleich auch als eine Stadt der nachhaltigen Stadtentwicklung. Ulm investiert in das Thema Umwelt, in die Nutzbarmachung moderner Technologien zur Verringerung der Umweltbelastungen. Es gibt den Ulmer Initiativkreis nachhaltige Wirtschaftsentwicklung, Ulm ist Partner der EXPO 2000, Ulm versucht, das Spannungsfeld der sozialen, ökonomischen und ökologischen Herausforderungen für sich auszudiskutieren und zu meistern. Ulm leistet hier einen wichtigen Beitrag, auch durch die Sicherstellung einer hohen Bürgerbeteiligung, des „Empowerment" seiner Bürger, d. h. der Einbeziehung der Bürger in die Belange der Stadt. Partnerschaft und Partizipation sind wichtige Themen; es gibt entsprechende Zukunftswerkstätten, Ideenwerkstätten, ein Kinder- und Jugendparlament, einen Umweltdiskurs und eine Vielzahl weiterer Aktivitäten.

Schließlich stellt sich Ulm bewußt den zukünftigen Herausforderungen. Ulm ist von seiner Grundorientierung her auf Zukunftsfragen ausgerichtet und zur Zeit auch in Zusammenarbeit mit anderen Institutionen dabei zu prüfen, ob sich in Ulm eine Akademie für Zukunftsaufgaben als Stiftung der Wissenschaft, der Wirtschaft, der Banken, der Gewerkschaften und der Kirchen sowie anderer Einrichtungen realisieren läßt.

In der Summe ist es beeindruckend zu sehen, was sich in Ulm tut, wie konzentriert alle Beteiligten auf die Herausforderungen der Zukunft reagieren, dabei aber den gewachsenen städtischen, sozialen und kulturellen Bestand nicht in Frage stellen. Ulm ist ein Wirtschaftsstandort mit großem Potential und wachsender Bevölkerung. Es spricht viel dafür, daß zwischen Stuttgart und

München, in den nächsten Jahrzehnten noch sehr viel mehr an erfolgreichen Unternehmen, wirtschaftlicher Entwicklung und großem Innovationspotential hinzukommen wird. Das exzellente Umfeld, die kulturellen, sozialen und geographischen Vorzüge, die gewachsene Tradition von Unternehmerschaft, Handwerk und solidem Können, sowie natürlich der exzellente Bestand im Bereich Hochschule und Wissenschaft sind ein Potential, das zukünftig immer noch mehr an Bedeutung gewinnen wird.

Das Forschungsinstitut für anwendungsorientierte Wissensverarbeitung (FAW) ist eine Stiftung des öffentlichen Rechts mit den folgenden Stiftern: Land Baden-Württemberg, Baan Deutschland GmbH, BMW AG, Daimler-Benz AG, Deutscher Sparkassen-Verlag GmbH, Digital Equipment GmbH, Hewlett-Packard GmbH, IBM Deutschland Informationssysteme GmbH, Jenoptik AG, Robert Bosch GmbH, Siemens-Nixdorf Informationssysteme AG, Stadt Ulm, ZF Friedrichshafen AG. Das Institut erarbeitet integrierte Systemlösungen in informationstechnisch anspruchsvollen interdisziplinären Themenbereichen, insbesondere integrierte Produktionssysteme, Unternehmensintegration, entscheidungsunterstützende Systeme, Umweltinformationssysteme, Assistenzsysteme, Verkehr, Kommunikationssysteme, industrielle Softwareproduktion, autonome Systeme, Mechatronik; hierbei wird insbesondere auch der Aufbau des Umweltinformationssystems Baden-Württemberg wissenschaftlich begleitet.

Rekonstruierte Gebäude in der Altstadt.

1990-1993 Mitglied im Landesforschungsbeirat Baden-Württemberg. 1992-1993 Mitglied in der „Zukunftskommission Wirtschaft 2000" des Landes Baden-Württemberg. 1992-1996 Mitglied im Steuerungsteam des Informatikzentrums der Sparkassenorganisation (SIZ) GmbH. Seit 1993 Mitglied im Ausschuß „Forschung und Technologie" der Gesellschaft für Informatik e.V. (GI). Seit 1994 Mitglied im wissenschaftlichen Beirat der Gütegemeinschaft Software e.V. (GGS). 1994-1996 Mitglied im „Innovationsbeirat" des Landes Baden-Württemberg. 1995-1996 Mitglied der Enquête-Kommission „Entwicklungschancen und Auswirkungen neuer Informations- und Kommunikationstechnologien Baden-Württemberg (Multimedia-Enquête)". Seit 1995 Mitglied im „Information Society Forum" der Europäischen Kommission (seit Anfang 1997 zugleich Leiter der Arbeitsgruppe 4 „Sustainability in an Information Society" sowie Mitglied des Steering Committee). Seit 1996 Mitglied INFO2OOO Senior Experts Group und Mitglied im Strategic Requirements Board für das 5. Rahmenprogramm der Europäischen Kommission. Seit 1997 Sprecher der Arbeitsgruppe 3 „Nachhaltige Entwicklung und Umweltschutz durch Telematikanwendung" im Forum Info 2000 der Bundesregierung. Seit 1.1.1997 stellvertretender Sprecher des DFG-Sonderforschungsbereichs 527 „Integration von symbolischer und subsymbolischer Informationsverarbeitung in adaptiven sensomotorischen Systemen". 1997 Preisträger des Wissenschaftlichen Preises der Gesellschaft für Mathematik, Ökonomie und Operations Research (GMÖOR). 1997 Berufung in den wissenschaftlichen Beirat der EXPO 2000 GmbH für die Themenbereiche „Zukunft der Vergangenheit" und „Das 21. Jahrhundert".

Prof. Radermacher ist Autor von über 200 wissenschaftlichen Arbeiten aus den Bereichen Angewandte Mathematik, Operations Research, Angewandte Informatik, Systemtheorie sowie tangierten Fragen der Technikfolgenforschung und der Ethik/Philosophie; letzteres auch mit Bezug auf globale Problemstellungen. Gesellschaftspolitische Interessenschwerpunkte betreffen den Übergang in die Informationsgesellschaft, lernende Organisationen, Umgang mit Risiken, Fragen der Verantwortung von Personen und Systemen, umweltverträgliche Mobilität, nachhaltige Entwicklung, Überbevölkerungsproblematik. Prof. Radermacher hat in diesem Umfeld zahlreiche Vorträge gehalten. Er war ferner Mitveranstalter bei ca. 25 internationalen Konferenzen bzw. Workshops, ist Mitherausgeber von 14 Monographien und im Editorial Board von 11 wissenschaftlichen Zeitschriftenreihen. Ferner hat er beim Bundesministerium für Forschung und Technologie (BMBF), bei der Deutschen Forschungsgemeinschaft (DFG) und beim Wissenschaftsministerium Baden-Württemberg in mehreren Gutachter- bzw. Beratergruppen mitgewirkt und war Mitglied der vom Wissenschaftsrat eingesetzten Gutachtergruppe Mathematik/Informatik für die außeruniversitären Forschungseinrichtungen in der früheren DDR.

RHEINZINK GMBH

Geschäftsführer:
Claude Weber (Vorsitzender)
Dipl.-Ing. Frank Ulrich Dyllus (techn. GF)
Dipl.-Ing., MBA Stephan Christensen (Marketing, Vertrieb)

Gründungsjahr:
1966, Geschäftsjahr 01.10. - 30.09.

Umsatz:
470 Mio. DM (1996/1997)

Mitarbeiter:
820 (1996/1997)

Geschäftstätigkeit:
Herstellung und Vertrieb von Halbzeug und Fertigerzeugnissen aus RHEINZINK®, legiert nach DIN EN 988, hergestellt nach Quality Zinc - Kriterienkatalog

Kunden:
weltweit

Postanschrift:
RHEINZINK GMBH
Postfach 1452,
45705 Datteln

Anschrift:
Bahnhofstraße 90,
45711 Datteln
Telefon: (02363) 605-0
Fax: (02363) 605-209

Anschrift Verkaufsniederlassung Ulm:
Nicolaus-Otto-Straße 36
89079 Ulm
Telefon: (0731) 94606-0
Telefax: (0731) 43185

Unternehmensportrait

RHEINZINK in Ulm – die Geschichte einer Niederlassung

Das Unternehmen hat in Süddeutschland weithin sichtbare Spuren hinterlassen – der Umsatz stieg auf das Zehnfache

Durch RHEINZINK® wurden Architektur und Handwerk um einen ästhetischen Werkstoff bereichert. Obwohl Zink schon seit über 200 Jahren verwendet wird, entstand erst durch RHEINZINK® die heute bekannte, in jeder Hinsicht zeitgemäße Titanzinklegierung. Der große Erfolg des Unternehmens hat auch in Süddeutschland weithin sichtbare Spuren hinterlassen. Dazu beigetragen hat nicht zuletzt die RHEINZINK-Niederlassung Ulm. Grund genug für einen Blick auf ihre Geschichte.

Die RHEINZINK-Niederlassung in Ulm.

Als die Anlagen in Datteln Ende der 60er Jahre in Fahrt kommen, ist Titanzink ein im süddeutschen Baugewerbe kaum genutztes Material. Im August 1973 wird in Ulm an der Donau eine der ersten Verkaufsniederlassungen gegründet. Die Stadt liegt an der württembergisch-bayerischen Grenze; von hier aus können beide Bundesländer verkehrstechnisch gut erreicht werden.

Fünf RHEINZINK-Mitarbeiter nehmen die Herausforderung an und beginnen mit der systematischen Erschließung des Marktes auf allen Ebenen des Bauwesens. Der Platzbedarf ist noch gering; man teilt sich die Halle mit einer Autokran-Firma. Zur Auslastung der Produktion werden zunächst auch so exotische Artikel wie Möbelteile oder Verstärkungen für Erntekisten hergestellt. Die Belieferung der Kunden erfolgt mit dem eigenen LKW. Ein Jahr später wird dann eine eigene Halle bezogen. Die inzwischen acht Mitarbeiter tun alles, um die Verbreitung von RHEINZINK® zu fördern. Sie fertigen unter anderem mit einer Handmaschine einfach gefalzte Regenfallrohre. Ab 1978 wird die stetig wachsende Kundschaft nach einem regelmäßigen Fuhrplan bedient. Ende der 80er Jahre ist das Transportaufkommen so groß, daß der eigene Fuhrpark durch Spediteure ersetzt wird. 1984 findet eine „Revolution" in der Abwicklung der Kundenaufträge statt: Die Karteikarten und handgeschriebenen Listen werden vom EDV-System abgelöst. Das konsequente Engagement der Mitarbeiter für Material- und Servicequalität führt zu einer kontinuierlichen Steigerung von Image und Umsatz.

Um den vorbildlichen Service in vollem Umfang zu gewährleisten, wird im November 1990 der Umzug in eine neugebaute Niederlassung notwendig. Insgesamt 13 Mitarbeiter sind zu diesem Zeitpunkt in Ulm für RHEINZINK im Einsatz. Die verkaufte Menge nimmt ebenfalls weiter zu, und 1992 kann erstmals eine fünfstellige Tonnage erreicht werden. Im Sommer 1994 wird in zwei neue Abcoilanlagen mit Coilförderstraße investiert, wenige Monate später muß die Produktions- und Lagerhalle um 500 qm erweitert werden. Heute gehören ca. 20 Mitarbeiter zum Ulmer Vertrieb. Gemeinsam ist es den Mitarbeitern gelungen, den ausgezeichneten Ruf der RHEINZINK®-Werkstoffe auch in Süddeutschland unter Beweis zu stellen. Die über 200 Kunden haben zum Teil bundesweite Bedeutung und nehmen zehnmal mehr RHEINZINK® ab als in den Anfangsjahren der Niederlassung. Die Stadt Ulm selbst hat sich inzwischen zu einer wahren „Zinkhochburg" entwickelt: Das größte Objekt besitzt ein Dach aus 150 Tonnen RHEINZINK® und aktuell wird die Bedachung einer kompletten Neubausiedlung aus RHEINZINK® gefertigt.

Auch in der Zukunft wird der süddeutsche Raum für das Unternehmen ein wichtiges Betätigungsfeld sein, mit allen Voraussetzungen für zahllose Bauwerke mit unverkennbarer Identität durch RHEINZINK®.

Kupfergußlegierungen aus Ulm weltweit gefragt

Das Metallschmelzwerk Ulm gehört zu den führenden deutschen Herstellern von Kupfergußlegierungen

K MSU Metallschmelzwerk Ulm

KK-MSU Metallschmelzwerk Ulm GmbH
Ein Unternehmen der Kanzelmann-Gruppe

Geschäftsführer:
Dipl.-Kaufm. Gerhard Kanzelmann

Geschäftstätigkeit:
Herstellung und Vertrieb von Kupfergußlegierungen

Kunden:
weltweit

Jahresumsatz(1997):
10 Mio. DM

Anschrift:
Daimlerstraße 20
89079 Ulm-Donautal
Telefon: (0731) 946 23-0
Telefax (0731) 48 17 22

4-strängige Anlage für die Herstellung von Kupfergußlegierungen.

Als kundenorientiertes Unternehmen ist die KK - MSU Metallschmelzwerk GmbH darauf eingestellt, daß sich alle Produkte ständig auf dem Prüfstand befinden.

Mit dieser Unternehmensphilosophie ist das Unternehmen zum ersten Hersteller von Kupfergußlegierungen in Strangguß in der Bundesrepublik geworden.

Diese Produktinnovation ist an Homogenität und damit an Gleichartigkeit nicht zu übertreffen.

Das Ausgießen der Kupfergußlegierungen in zwei 4-stufigen Anlagen garantiert dem Kunden sowohl analytisch als auch in der Gefügestruktur ein absolut gleichartiges Produkt. Der Abnehmer ist somit in der Lage, sich beim Vergießen dieses Produkts auf einen einheitlichen Rohstoff einzustellen.

Das Metallschmelzwerk Ulm gehört zu den führenden Herstellern von Kupfergußlegierungen. Kunde ist die europäische Armaturenindustrie, welche mit hochpolierfähigem Feinkornmessing aus Ulm beliefert wird.

Die Produkte Rotguß-, Zinnbronze- und auch Bleibronze-Strangguß finden ihre Abnehmer bei der internationalen Maschinenbauindustrie. Die bedeutende Marktstellung des Unternehmens kommt auch in dem hohen Exportanteil von über 50 Prozent zum Ausdruck.

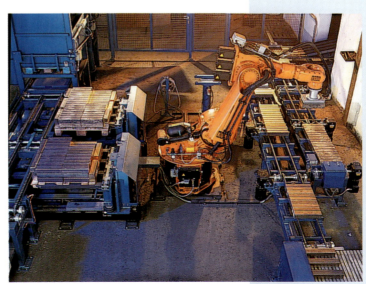

Automatische Stapeleinrichtung der zwei 4-strängigen Anlagen.

Wirtschaftsförderung

Wirtschaftsförderung – ein vielfältiges Angebot kommunaler Dienstleistungen

Standortsicherung und -entwicklung besitzen für die Stadt Ulm höchste Priorität. Daher ist Wirtschaftsförderung für uns selbstverständlich Chefsache.

Neben OB Ivo Gönner und seiner Zentralstelle mit Herrn Walter Laitenberger steht ein Team von Mitarbeitern als Dienstleister in der Abteilung Liegenschaften und Wirtschaftsförderung für alle Unternehmer zur Verfügung.

Wir stehen mit Engagement und Kompetenz ansässigen und ansiedlungswilligen Betrieben sowie Existenzgründern als Ansprechpartner für ihr jeweiliges Anliegen zur Verfügung. Unser Ziel ist der Erfolg Ulmer Unternehmen.

Zu unseren wichtigsten Aufgaben gehören:

I. Aktive Bodenpolitik zur Gewerbe- und Industrieförderung

Eines der wichtigsten Anliegen der Stadt Ulm besteht darin, jederzeit verfügbare Gewerbe- und Industriebaugrundstücke auf dem Stadtgebiet vorzuhalten.

Dadurch kann die Stadt Ulm aktiv mithelfen, vorhandene Arbeitsplätze zu erhalten und neue Arbeitsplätze zu schaffen.

Auf Grund einer aktiven Bodenvorratspolitik, die seit rund 100 Jahren wesentlicher Bestandteil der Ulmer Kommunalpolitik ist, stehen auf dem Stadtgebiet Ulm ständig verfügbare Gewerbe- und Industriebauflächen zur Verfügung. Die Stadt Ulm trägt somit im hohen Maße zur aktiven Gewerbe- und Industrieförderung bei. So können gegenwärtig auf verschiedenen Arealen im Ulmer Stadtgebiet rund 80 ha jederzeit bebaubare Flächen für die unterschiedlichsten Nutzungen angeboten werden:

1. Produzierendes Gewerbe, Handwerk, Logistik

Das neue Gewerbegebiet Ulm-Nord, mit rd. 32 ha Baulandfläche, liegt rund 8 km nördlich des Stadtzentrums und unmittelbar an der A8 zwischen Stuttgart und München. Bestandteil ist ein rund 3,5 ha großer Gewerbepark für kleinere Betriebe.

Ulrich Soldner

Der Autor wurde 1958 in Ulm geboren. Nach dem Abitur machte er seine Ausbildung im gehobenen Verwaltungsdienst mit anschließendem Studium an der FH für öffentliche Verwaltung in Baden-Württemberg.
Seit 1982 ist Soldner bei der Stadt Ulm tätig, zunächst beim Rechtsamt, dann von 1984 - 1990 persönlicher Referent des Oberbürgermeisters und seit 1991 Leiter der Abteilung Liegenschaften und Wirtschaftsförderung.

2. Industrie

Im Industriegebiet Ulm-Donautal stehen rund 20 ha für Betriebe zur Verfügung, die auf Grund spezieller Anforderungen zum Schutz der Umwelt nicht in einem reinen Gewerbegebiet angesiedelt werden können.

3. Forschung und Entwicklung/ Hochtechnologie

Im Science-Park II am Oberen Eselsberg innerhalb der Wissenschaftsstadt Ulm bieten wir rund 7 ha an für forschungs- und entwicklungsintensive Unternehmen, die Wert auf eine unmittelbare Forschungslandschaft und alle damit verbundenen Vorteile wie Erfahrungsaustausch, Nutzung von Einrichtungen der Universität etc. legen.

4. Dienstleistungen

Im Büropark Hörvelsinger Weg befinden sich Gewerbeflächen für hochwertige Dienstleistungsbetriebe mit einer Gesamtfläche von rund 2,5 ha.

Blick auf Ulm-Nord.

Wirtschaftsförderung

Das Zentrum Ulms aus der Luft.

5. Kleingewerbegebiete in den Ulmer Stadtteilen

Darüber hinaus stehen in einigen Ulmer Stadt- und Ortsteilen weitere Kleingewerbegebiete, insbesondere für die Ansiedlung ortsgebundener Betriebe zur Verfügung, z.B. im Gewerbegebiet Ulm-Einsingen, in direkter Nachbarschaft zum Industriegebiet Donautal.

Die Grundstückspreise betragen einschließlich Erschließungskosten zwischen 100,- und 150,- DM/qm und sind somit für den süddeutschen Raum und angesichts der verkehrstechnisch hervorragenden Lage günstig.

Die Stadt Ulm unterstützt im Sinne einer aktiven Wirtschaftsförderung ansiedlungswillige Betriebe, indem Grundstücke auf Wunsch auch im Wege des Erbbaurechts zu einem günstigen Erbbauzins überlassen werden.

Darüber hinaus werden Optionsflächen für später denkbare Erweiterungen von Betrieben unentgeltlich vorgehalten.

Wir unterstützen Unternehmen bei der Ansiedlung, bei Betriebsverlagerungen und bei der Standortauswahl.

II. Vermittlung privater Gewerbeflächen und -objekte

Ein weiterer Arbeitsschwerpunkt der Abteilung Liegenschaften und Wirtschaftsförderung ist die Vermittlung von gewerblichen Objekten aus Privateigentum mittels der sogenannten Gewerbeflächenbörse.

Unternehmer und Investoren finden hier private gewerbliche Objekte im Stadtgebiet Ulm, die aktuell zur Anmietung oder zum Verkauf angeboten werden.

In gegenwärtig rund 40 Objekten können – teilweise unbebaut – für die unterschiedlichsten Anforderungen Gewerbeflächen, Lagerflächen oder Büroflächen zur Verfügung gestellt werden.

Dieser Service wird in Zusammenarbeit mit freien Vermietern und Privateigentümern angeboten.

III. Unterstützung in Verwaltungsverfahren

Die Wirtschaftsförderung möchte den Unternehmen eine schnelle Umsetzung der Unternehmensziele durch eine schnellere Bearbeitung in unterschiedlichen Genehmigungsverfahren ermöglichen.

Bereits in Ulm und in der Region ansässige Betriebe, deren Arbeitsplätze erhalten werden

Unter den Existenzgründern sind auch zahlreiche Absolventen der Ulmer Universität.

Wirtschaftsförderung

Investoren. Je höher die Transparenz in unserem Wirtschaftsraum, desto mehr Synergieeffekte sind für Ulmer Betriebe nutzbar.

sollen und deren Entwicklung unterstützt werden soll, können jederzeit die ganzheitliche Betreuung der Stadt Ulm in Anspruch nehmen, wenn es darum geht, Problemlösungen zu finden im Kontakt mit Fachdienststellen innerhalb der Stadtverwaltung.

IV. Kontaktanbahnung

Die Wirtschaftsförderung unterstützt die Kontakte der Unternehmen untereinander sowie zu den Kammern, Banken, Forschungseinrichtungen, Hochschulen und Technologietransferstellen sowie zwischen Unternehmen und

V. Existenzgründer

Die Wirtschaftsförderung dient als Anlaufstelle für Existenzgründer. Wir informieren über Möglichkeiten in unserem Wirtschaftsraum und stellen Kontakte zu Beratungsstellen der Kammern und anderen Institutionen her.

Existenzgründer liegen uns besonders am Herzen, da sie die Zukunft unseres Wirtschaftsstandortes sichern und neue Arbeitsplätze schaffen.

Die Beteiligung der Stadt Ulm an den TechnologieFörderungsUnternehmen zeigt ihr Engagement im Bereich der Förderung technologieorientierter, innovativer Unternehmen.

Die TFU – TechnologieFörderungsUnternehmen GmbH bietet in ihren Einrichtungen
- TechnologieFabrik
- InnovationsZentrum
- BiotechnologieZentrum
- GründerZentrum Neu-Ulm

innovativen Existenzgründern erfolgreiche Starthilfen. Unternehmen werden von der ersten Projektidee bis zur vollständigen Unternehmensplanung beraten. In den Einrichtungen der TFU finden sich bedarfsgerechte Räume für Büro- und Laboraktivitäten. Moderne Kommunikationsinfrastruktur steht zur Verfügung, deren gemeinschaftliche Nutzung entscheidende betriebswirtschaftliche Vorteile hat.

Vielfältige Service- und Dienstleistungen runden das Angebot ab und alle Unternehmen in den Zentren der TFU können die Einrichtungen der Universität Ulm nutzen. Diese Vorteile stabilisieren die Unternehmensentwicklung, forcieren das Unternehmenswachstum und erhöhen die Überlebenschance junger Unternehmen.

In den Zentren der TFU finden Innovatoren – vom Biotechnologen bis zum modernen Dienstleister – somit ideale Start- und Entwicklungsbedingungen vor. Insbesondere Existenzgründern werden mittels der bundesweit einmaligen Planungshilfe „BOX DICH DURCH", in Zusammenarbeit mit den Kammern, dem Arbeitsamt und anderen Institutionen, wichtige Hinweise auf dem Weg zur Selbständigkeit gegeben. Im Mittelpunkt steht eine Planungshilfe in Form einer kleinen, schwarzweißen Box, die im Rahmen des Arbeitskreises Existenzgründungen des Innovationsforums Ulm

Die Wissenschaftsstadt.

Wirtschaftsförderung

angeregt wurde und unter dem Motto „Box Dich durch" Antworten auf alle vor dem Sprung ins Unternehmertum wichtigen Fragen gibt.

Ihr Inhalt ist speziell auf die Innovationsregion Ulm/ Neu-Ulm zugeschnitten und übersichtlich in 10 Kapiteln gegliedert. Darin enthalten: Informationen über betriebswirtschaftliche, steuerliche und rechtliche Hilfen, Expertenadressen, Selbsttest, Kontaktkarten und spezielle Checklisten für Existenzgründungen.

VI. Information über den Wirtschaftsstandort

Das angrenzende Donautal.

Durch unsere Marketingaktivitäten in Zusammenarbeit mit der Innovationsregion Ulm und der GWZ informieren wir gezielt über unseren Wirtschaftsstandort im In- und Ausland.

Neben Werbung in nationalen und internationalen Medien beteiligt sich die Wirtschaftsförderung an Messen und Ausstellungen.
Wir erstellen Informationsmaterial und stellen es individuell angepaßt den Betrieben und weiteren Interessenten wie z. B. Investoren zur Verfügung. Die Vorteile unseres einzigartigen Wirtschaftsraumes möchten wir allen zugänglich machen. ■

Ihre Ansprechpartner der Abteilung Liegenschaften und Wirtschaftsförderung:

Abteilungsleiter Ulrich Soldner
Telefon: (0731) 161-2300, Fax: (0731) 161-1614
Email: u.soldner@wirtschaftsfoerderung.ulm.de

Ulrike Sautter
Telefon: (0731) 161-2366, Fax: (0731) 161-1614
Email: u.sautter@wirtschaftsfoerderung.ulm.de

Grundstücksverkauf
Max Bucher
Telefon: (0731) 161-2314, Fax: (0731) 161-1614

Flankierend zur Wirtschaftsförderung kann die Stadt Ulm traditionell am Rand der Innenstadt und in den neun Ulmer Ortsteilen ebenfalls aus stadteigenem Grundbesitz Flächen für **Wohnbebauung** zur Verfügung stellen.

So ist es insbesondere für Familien mit Kindern möglich, entweder über ortsansässige Bauträger in den Stadtteilen Reihenhäuser, oder auch Bauplätze für freistehende Einfamilienhäuser und Doppelhaushälften direkt über die Stadt Ulm zu erwerben.

Ulmer Grundstückspolitik:

Vor rund 100 Jahren wurde von dem damaligen Oberbürgermeister Wagner die Ulmer Grundstückspolitik eingeführt.

Ziele der Grundstückspolitik sind:

- die Bereitstellung von Wohnbaugrundstücken
- die Bereitstellung von Gewerbe- und Industriebaugrundstücken
- die Bereitstellung von Grundstücken für Infrastruktureinrichtungen im weiteren Sinn, wie Verkehrsflächen, öffentliche Grünflächen, Spiel- und Sportplätze, Schulen, Ver- und Entsorgungsanlagen usw.

Wesentliches Element dieser Grundstückspolitik ist die langfristig angelegte Bodenvorratspolitik; das bedeutet, daß die Stadt Ulm für künftige Entwicklungsgebiete Flächen auf lange Sicht erwirbt.

Grundprinzip ist, daß ein Bebauungsplan immer erst dann aufgestellt wird, wenn die Stadt alle Grundstücke in einem Planungsgebiet erworben hat.

Vorteile dieser Politik sind:

- günstige Bodenpreise
- von der Stadt gesteuerte Umsetzung der Baugebiete
- Vermeidung der Bodenspekulation
- Vergabe der Grundstücke durch den Gemeinderat, orientiert an sozialen und wirtschaftspolitischen Gesichtspunkten.

Unternehmensportrait

EBNER – seit fast 200 Jahren Bücher aus Ulm

Über 400 qualifizierte Mitarbeiter stellen jährlich 70 bis 80 Millionen Bücher mit modernsten Technologien her

EBNER ULM®

J. Ebner,
Graphische Betriebe GmbH & Co. KG

Geschäftsführer:
Reinhard Weitz, CEO
Axel Ebner

Geschäftstätigkeit:
Gesamtherstellung von Büchern vom Satz, der Reproduktion über den mehrstufigen Druck- und Bindeprozeß bis zur Logistikleistung

Mitarbeiter:
ca. 400

Anzahl der jährlich produzierten Bücher:
70-80 Mio. Soft- und Hardcover

Anschrift:
Eberhard-Finckh-Straße 61
89075 Ulm
Telefon (0731) 20 56-0
Telefax (0731) 20 56-208
e-mail: info@ebner.de

Eine Qualität, die Unternehmen mit einer fast 200 Jahre alten Geschichte unzweifelhaft attestiert werden muß, ist die Fähigkeit, sich den ständigen und häufig mit tiefen Einschnitten in die Struktur verbundenen Anforderungen des Wandels anzupassen oder diese zu gestalten.

So blickt das Unternehmen J. Ebner, Graphische Betriebe GmbH & Co. KG auf eine langjährige Geschichte zurück, die fest verbunden ist mit einem Produkt, das Wissen, Phantasie, Information und Unterhaltung kunstvoll verpackt – Bücher.

Die Gesamtherstellung von Büchern ist heute eine industriell straff organisierte mehrstufige Abfolge von Herstellungsschritten, die ausschließlich von den Anforderungen des Marktes, den organisatorischen Fähigkeiten und dem Fachwissen der am Produktionsprozeß beteiligten Mitarbeiter bestimmt wird.

Mit über 400 Mitarbeitern und der Produktion von 70 bis 80 Millionen Büchern in verschiedenen Formen und Ausstattungsvariationen gehört EBNER ULM zu den größten und umsatzstärksten Buchherstellern und ist größtes konzernfreies Unternehmen im Familienbesitz in siebter Generation. Damals wie heute besteht eine enge Verbindung zu einem überwiegend verlegerisch tätigen Kundenkreis. Die Zusammenarbeit mit renommierten Publikumsverlagen ist neben einer Vielzahl von Objektträgern für Industrie und Staat der Hauptumsatzträger. Sehr früh hat sich EBNER ULM auf die Gesamtherstellung von der gestaltenden Ausführung vom Satz, der Reproduktion, über den mehrstufigen Druck- und Bindeprozeß bis zur Logistikleistung konzentriert.

Die Orientierung an Lese- und Konsumanforderungen wurde von Ebner konsequent zu einem Serviceprogramm ausgebaut, das zu einem Markenbegriff geworden ist. Klebegebundene Bücher aus Ulm finden sich in den Programmen fast aller renommierten Publikumsverlage in deutschsprachigen und europäischen Ländern.

Bücher werden auch von anderen Unternehmen hergestellt, doch die erfolgstragenden Faktoren für eine erfolgreiche Zusammenarbeit verfolgt kein Unternehmen mit vergleichbarer Nachhaltigkeit. Kurze Reaktionszeiten, eine tragfähige Partnerschaft mit Lieferanten und die permanente Verbesserung der Durchlaufzeiten in einer ökologischen, zertifizierten Produktion stiften einen Kundennutzen, der über 700 Kunden des Hauses die Verläßlichkeit einer hohen Produktverfügbarkeit bei geringen Kapitalbindungskosten garantiert. EBNER ULM betreibt einen hohen, in die Zukunft gerichteten Aufwand in der Forschung und Entwicklung neuer Klebetechnologien, Druck- und Bindeverfahren, dem Lackieren, Trocknen und Verpacken.

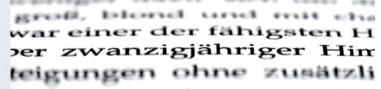

Unternehmensportrait

Marktführer für Kartographie und touristische Reiseführer

Ulmer Logistikzentrum ist ein wichtiger Partner der führenden Verlage für Reisen, Touristik und Verkehr

Mairs Geographischer Verlag
Logistikzentrum

Mairs Geographischer Verlag
Kurt Mair GmbH & Co.

Geschäftsführer:
Dr. Volkmar Mair
Dr. Thomas Brinkmann
Uwe Zachmann

Gründungsjahr:
1948
1995 (Logistikzentrum)

Mitarbeiter:
47 (Logistikzentrum)

Geschäftstätigkeit:
Vertriebs- und Auslieferungspartner für führende Verlage

Auslieferungen:
bis zu 20.000 Positionen täglich

Kunden:
weltweit

Anschrift:
Franzenhauser Weg 24
89081 Ulm-Jungingen
Telefon (0731) 9 67 79-0
Telefax (0731) 9 67 79-106

Das neue Logistikzentrum in Ulm.

Mairs Geographischer Verlag mit Stammsitz im schwäbischen Ostfildern/Kemnat ist Europas Marktführer im Bereich Kartographie und der touristischen Reiseführer. Neben seiner verlegerischen Arbeit ist der Verlag auch Vertriebs- und Auslieferungspartner für führende Verlage mit dem Programmschwerpunkt Reisen, Touristik und Verkehr. Rund neunzig Vertreter bereisen das ganze Jahr über Buchhandlungen, Kaufhäuser, Grossisten, Tankstellen, Kioske und andere Firmen. Sie sorgen dafür, daß die Produkte von Mair und die der von ihm vertretenen Verlage nicht nur optimal präsentiert sind, sondern auch optimal präsentiert werden.

Seit 1995 verfügt Mairs Geographischer Verlag über eines der modernsten Auslieferungszentren im Lande, das Logistikzentrum in Ulm mit 47 Mitarbeitern. Es wurde 1994 in nur gut einem Jahr erbaut. Bereits 1996 wurde ein Erweiterungsbau fertiggestellt. Die Investitionen beliefen sich auf insgesamt 33 Millionen Mark. Eine ausgeklügelte Technik wickelt alle Auslieferungsvorgänge sparsam und mit großer Effizienz ab. So besteht eine datentechnische Verbindung mit dem Verlag in Kemnat, dank derer die Administration an einer Stelle konzentriert bleibt. Bestellungen, die bis 12 Uhr eingehen, sind normalerweise nach 48 Stunden beim Kunden. Die elektronische Datenverarbeitung begleitet die Bücher und Karten von der Ankunft in Ulm bis zum Abtransport durch die Speditionen. Pro Tag werden im Durchschnitt 1.500 Aufträge mit 15.000 bis 20.000 Positionen ausgeliefert. ■

Rechts: Innerhalb von 48 Stunden gelangt die Lieferung aus diesem Lager zum Kunden.

Unten: Täglich verlassen bis zu 1.500 Aufträge das Logistikzentrum.

Marketing einer Region: Die Innovationsregion Ulm – Spitze im Süden

Ein hoher Anspruch, mag der erste Gedanke sein, wenn man den Slogan für die Region Ulm/Neu-Ulm und deren Umgebung DIE INNOVATIONSREGION ULM – SPITZE IM SÜDEN das erste Mal hört. Ein hoher Anspruch ja, aber ein begründeter und einer, der stets zur Weiterentwicklung und zu neuen Konzepten anregt und damit die innovative Substanz kontinuierlich weiter bestätigt.

Dreh- und Angelpunkt im Süden Deutschlands

DIE INNOVATIONSREGION ULM liegt als Dreh- und Angelpunkt im Süden Deutschlands, im Zentrum des westlichen Europa, auf der Entwicklungsachse Stuttgart-München. Sie umfaßt das Gebiet der beiden Donaustädte

- Ulm und Neu-Ulm, den
- Alb-Donau-Kreis und den
- Landkreis Neu-Ulm.

DIE INNOVATIONSREGION ULM, das sind
- 75 Städte und Gemeinden,
- 500.000 Einwohner,
- 170.000 sozialversicherte Beschäftigte,
- 20.000 Unternehmen
- 2.000 km Rad- und Wanderwege
- 7.000 Gästebetten und vieles mehr.

Eine Region mit Innovationskultur

DIE INNOVATIONSREGION ULM verkörpert eine Region mit Innovationskultur. Innovation

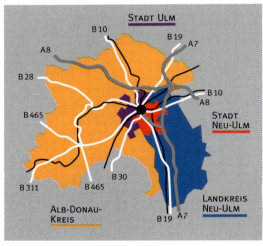

Region um Ulm.

Marita Caïssa Kaiser

In München 1957 geboren, studierte die Autorin von 1976 bis 1985 Rechtswissenschaft an den Universitäten Saarbrücken und Freiburg sowie Betriebswirtschaft mit Schwerpunkt Tourismusmarketing an der Berufsakademie Ravensburg. Ihre Berufstätigkeit begann sie als pers. Referentin des Hauptgeschäftsführers des Deutschen Hotel- und Gaststättenverbandes DEHOGA in Bonn. Bis 1997 war sie dort Pressesprecherin und Referatsleiterin für Öffentlichkeitsarbeit, Umwelt und Sonderaufgaben. Persönlich mit Ulm verbunden, nahm sie Mitte 1998 die Position der Geschäftsführerin des Regionalmarketings, des Vereins zur Förderung der INNOVATIONSREGION ULM - SPITZE IM SÜDEN an.

Lage der Stadt Ulm.

Marketing

hat hier Tradition und steht für die Zukunft. Womöglich liegt's am Ulmer Münster mit dem höchsten Kirchturm der Welt, daß man in Ulm und um Ulm herum schon immer über die Kirchturmspitze, sprich über den Tellerrand geblickt hat. Seit Generationen ist die Innovationsregion ein gutes „Pflaster" für Pioniergeist und revolutionäre Entwicklungen. Geniale Vordenker, Konstrukteure und Tüftler haben hier gelebt und gearbeitet.

Bereits im Mittelalter (1571-1630) lebte der für die damalige Zeit höchst innovative Astronom Johannes Kepler einige Jahre in Ulm. Er fand die grundlegenden Gesetze der Planetenbewegung heraus, die heute noch Basis der Wissenschaft sind.

Zu Lebzeiten mit Spottversen bedacht, ist Albrecht Ludwig Berblinger (1770 - 1829) – der Schneider von Ulm – mit der Erfindung seines ersten flugfähigen Hängegleiters in die Geschichte des Flugwesens eingegangen.

Über hundert Jahre später sorgte der Neu-Ulmer Hermann Köhl mit der ersten Ost-West-Überquerung des Atlantiks in einem Flugzeug für Aufsehen.

Und wer kennt sie nicht: Die bahnbrechende Relativitätstheorie des in Ulm geborenen Albert Einstein. Sie brachte dem genialen Physiker den Nobelpreis.

Schon fast ein Universalgenie war Gustav Leube, der Pionier der deutschen Zementchemie. In Gerhausen im Blautal entstand 1838 die erste deutsche Zementfabrik.

Karl Kässbohrer, Sproß einer alten Ulmer Familie, gehörte zu den Schrittmachern im deutschen Fahrzeugbau. Bekannt ist vor allem der selbsttragende SETRA-Omnibus.

Pionier bei den Nutzfahrzeugen ist ohne Zweifel auch Conrad Dietrich Magirus mit der Entwicklung der „Ulmer Leiter" für Feuerwehrfahrzeuge. Auch heute ist IVECO Magirus führend in der Welt bei den Geräten für den Brandschutz.

Ulmer Münster mit dem höchsten Kirchturm der Welt

Marketing

Virtuelle Schule. Das Neu-Ulmer Lessing-Gymnasium gehört zu einer der 25 Schulen des Projektes „Schulen ans Netz".

In Albeck, unweit von Ulm, kam Robert Bosch 1861 zur Welt. Er genießt in der Autoelektrik Weltruhm und half am Ende des letzten Jahrtausends der noch jungen Automobilindustrie auf die Beine. Er galt auch als engagierter Sozialpolitiker und Mäzen.

Weltweit führende Wirtschaftsunternehmen

Weltweit führend ist die Wirtschaft der Region im Bereich der Nutzfahrzeuge bis heute geblieben. Namen wie Evo-Bus (SETRA), Kässbohrers Pistenbully, die LKWs und Anhänger von IVECO bzw. Kögel, die Fahrzeugkrane von Liebherr stehen dafür. Aber auch andere Industriezweige wie Schwenk-Zement, TAKATA - Sicherheitssysteme, GARDENA-Gartengeräte, Wieland - Metallwerke, PERI-Gerüstbau, UZIN-Bauchemie, die Sportwaffen von WALTHER und die Medikamente von Merckle oder ratiopharm sind untrennbar mit der Region verbunden.

Die Innovationskultur der Region wird fortgeführt in den neuen Zukunftstechnologien wie Medizintechnik, Biotechnologie und Telematik - Bereiche, in denen in der Region herausragendes geleistet wird.

Wissenschaft trifft Wirtschaft

Im Zusammenwirken der Wirtschaft mit der Wissenschaftsstadt, also mit
- der Universität,
- den Fachhochschulen Ulm und Neu-Ulm,
- den Steinbeis-Transferzentren,
- dem Daimler-Benz-Forschungszentrum,
- den AN-Instituten,
- der Technologie Förderungs Unternehmen GmbH, TFU und
- Science Park I und Science Park II

KLUGE KÖPFE, REVOLUTIONÄRE IDEEN

Hier läßt sich's gut leben.

ergibt sich ein außergewöhnlicher Austausch von know-how und die erstrebenswerte Umsetzung von Forschungs- und Entwicklungsergebnissen.

Als eines der forschungs- und entwicklungsintensivsten Gebiete Baden-Württembergs und Bayerns setzt DIE INNOVATIONSREGION ULM auf die Förderung innovativer Unternehmensgründungen. Kommunen, Universität, Kammern und Banken haben ihre verschiedenen Möglichkeiten der Förderung gebündelt und ein regionales Kompetenzzentrum, die TFU, geschaffen.

Wohnen und Arbeiten in reizvoller Umgebung

Wer in der Innovationsregion lebt und arbeitet, weiß nicht nur die relativ geringe Arbeitslosenzahl, sondern auch die hohe Lebensqualität zu schätzen. Wunderschöne Landschaft besonders im Alb-Donau-Kreis und im Landkreis Neu-Ulm, städtisches Flair, attraktive Freizeit- und Kulturangebote prägen das Bild.

Unter 543 deutschen Städten- und Kreisen rangiert laut dem Nachrichtenmagazin Focus nicht umsonst Ulm auf Platz 8, noch vor Freiburg und Heidelberg. Als Milieu für Kinder findet sie sich sogar ungeschlagen auf Platz 1.

Science Park I in Ulm.

Dabei ist attraktives Wohnen in der gesamten Region bezahlbar geblieben. Innovative Wohnformen und die Erschließung neuer, lebendiger Stadtteile werden vorangetrieben.

Zukunftsorientierte Bildung und Ausbildung

In der INNOVATIONSREGION ULM ist die Entwicklungsperspektive für Kinder und Jugendliche ganz außergewöhnlich gut. Angefangen bei den Kindergartenplätzen, über das innovative, virtuell orientierte Schulangebot bis hin zu besten Ausbildungsmöglichkeiten und beruflichen Einstiegsperspektiven bei relativ niedriger Arbeitslosenquote. Studienwilligen stehen die Universität und die Fachhochschulen Ulm und Neu-Ulm und die Berufsakademie im nahegelegenen Heidenheim zur Auswahl. Auf die Praxisorientierung der Studiengänge wird in der Region besonderer Wert gelegt.

Übernachten und Schlemmen für jeden Geschmack

Das Angebot von Hotellerie und Gastronomie für den Privatgast oder den Geschäftsreisenden kann sich sehen lassen. Der Reisende übernachtet im gemütlichen Zimmer auf dem Bauernhof, im schönen Landgasthof oder im Luxushotel, das keinen internationalen Vergleich zu scheuen braucht.

Die schwäbische Küche hält unzählige Spezialitäten und Überraschungen bereit - nicht nur die vielgerühmten „Maultaschen", über deren Füllung sich trefflich streiten läßt. Szene-Kneipen finden sich ebenso wie das bürgerliche Lokal oder der „Gourmet-Tempel".

Feste feiern, wie sie fallen....

Die Menschen in Ulm und um Ulm herum verstehen sich meisterlich aufs Feste feiern. Und sie haben genügend Anlässe schon aus der Historie. Der Schwörmontag - seit 600 Jahren der Tag des Schwurs für den ersten Mann der Stadt darauf, nur zum Wohle seiner Bürger zu regieren -, das feuchtfröhliche Nabada, das traditionelle Fischerstechen oder der Bindertanz. Es kommen aber auch immer neue Veranstaltungen hinzu, wie das 1998 erstmals stattfindende Internationale Donaufest.

Die schwäbisch-allemannische Fastnet begeistert neben zahlreichen Stadt- und Musikfesten der Gemeinden der ganzen Region Einheimische wie Besucher aus nah und fern. Unzählige Attraktionen der Städte Ulm, Neu-Ulm, des Alb-Donau-Kreises und des Landkreises Neu-Ulm finden sich in den jeweiligen Veranstaltungskalendern.

Ulmer Markt.

Marketing

Die Jugend ist die Zukunft der Region.

Nach allen Regeln der Kunst....

Das Kunst- und Kulturangebot der gesamten Region bietet für jeden Geschmack das Richtige. Nicht nur die großen Häuser in Ulm und Neu-Ulm mit Oper-, Konzert- und Theaterangebot, sondern auch alternatives und regionales Theater und Kleinkunst finden begeisterte Zuschauer. Das „Theater in der Westentasche" ist weit über die Grenzen Ulms hinaus bekannt. Die vielfältigen Museen bieten wechselnde Ausstellungen namhafter Künstler oder feste - meist historische - Ausstellungen.

Barock, Höhlen und Archäologie

Besondere Aufmerksamkeit sei auf das oberschwäbische Barock gelenkt, das die Region mit prägt. Bekannte Klöster wie
- Ulm-Wiblingen
- Kloster Obermarchtal
- Schloß Mochental
- Kloster Roggenburg
- Kloster Elchingen

sind nur einige Beispiele an der Oberschwäbischen Barockstraße.

Attraktionen finden sich für den Naturliebhaber auch unter der Erde. Die Höhlen des Achtals. Sie sind ausgehend von der Perle der Region Blaubeuren mit seiner Karstquelle, dem Blautopf und der Klosteranlage zu erwandern.

In Fachkreisen ist die Region um Ulm auch als die „Metropole der Archäologie" bekannt.

Das Regionalmarketing

Ja, und innovativ kann sich auch das Regionalmarketing für DIE INNOVATIONSREGION ULM - SPITZE IM SÜDEN bezeichnen. Innovativ nicht nur wegen des fachlichen Aspektes, nein, auch wegen der Grundhaltung der beteiligten Gebietskörperschaften. Es ist keine Selbstverständlichkeit, daß sich Kommunen und Kreise über politische, regionale und sogar Landesgrenzen hinweg zu einer gemeinsamen Strategie für die Förderung der Gesamtregion in der Weise zusammenfinden wie Ulm, Neu-Ulm und deren Landkreise.

Ein Verein wozu...

Seit Anfang 1998 besteht der Verein zur Förderung der INNOVATIONSREGION ULM - SPITZE IM SÜDEN, dessen Vorstand die beiden Donaustädte Ulm und Neu-Ulm, der Alb-Donau-Kreis, der Landkreis Neu-Ulm und die IHK Ulm angehören. Ziel ist ein ganzheitliches Marketing, um den Wirtschafts-, Wissenschafts- und Kulturstandort „Region Ulm" im Wettbewerb besser zu positionieren. Dabei ist ganzheitliches Marketing auch als Instrument der Globalisierung zu verstehen.

Neben dem Vorstand setzt das Regionalmarketing auf überzeugte Botschafter aus der Region, seien es Unternehmen, Kommunen, Bildungs- und

Interview anläßlich der Ausschreibung des Umweltpreises.

In der Innovationsregion Ulm kann man schnell heimisch werden.

Marketing

Blaubeuren.

Forschungseinrichtungen oder sonstige Organisationen. Zwischenzeitlich identifizieren sich fast 30 aktive Mitglieder mit den Inhalten des Regionalmarketings, erfüllen die Leitidee mit Leben und kommunizieren, wo die Region und/oder sie selbst SPITZE IM SÜDEN sind.

Dabei ist zu betonen, daß im Rahmen des gemeinsamen Auftritts der Region jeder Beteiligte von der Möglichkeit profitiert, seine besondere Individualität und Marktkompetenz zu unterstreichen.

Arbeit in der Region binden

Viele Unternehmen sind sich mittlerweile auch der Bedeutung einer Unterstützung ihrer Heimatregion für den unternehmerischen Erfolg bewußt. Die Arbeitnehmer identifizieren sich stärker mit dem Unternehmen, der Arbeitsmarkt eines bekannten Standortes ist stabiler und ausgewogener und die wirtschaftlichen Synergien in der Region sind effizienter nutzbar.

Maßnahmen, die spürbar sind

Die konkrete Mitarbeit im Regionalmarketing bringt den Mitgliedern, neben dem gesamtregionalen Nutzen, zusätzlich die Möglichkeit, sich außerhalb der Region auf Messen und Ausstellungen unter einem Dach zu präsentieren, Unterstützung in der eigenen Werbestrategie zu erhalten, in allen Publikationen und elektronischen Medien des Regionalmarketings präsent zu sein und alle Chancen der interregionalen Kommunikation und Transparenz zum eigenen Erfolg zu nutzen.

So war die erste Innovationsmesse der Region, die ITP (Innovation, Technologie, Produktion) im Juni ´98 eine wertvolle Plattform für die vorausdenkende Wirtschaft. Kontakte wurden geknüpft, know-how ausgetauscht und gemeinsame Marktstrategien entwickelt. Der Erfolg gibt dieser Kommunikationsbörse recht, so daß sie zukünftig in regelmäßigen Abständen stattfinden wird.

Zur gleichen Zielsetzung werden auch alle Leistungs-, Gewerbeschauen und andere Ausstellungsveranstaltungen quer durch die Region - wie die LAMETA ´98 (Langenauer Messe-Tage) oder die Allmendinger Gesundheitstage - genutzt.

Broschürenmaterial über den Wirtschafts- und Wissenschaftsstandort, aber auch über die weichen Standortfaktoren - also über die Lebensqualität in der Region - helfen genauso wie die Internetpräsenz, die Botschaften der INNOVATIONSREGION ULM der breiten Öffentlichkeit zu vermitteln. Mit Funkspots in regionalen Radiosendern und Information auf öffentlichen Verkehrsmitteln wird die Region bis an ihre äußeren Grenzen erreicht.

Der Fachwelt aus Wirtschaft und Wissenschaft steht ein Fachmedium DER REGIONAL SPIEGEL zur Verfügung. Er berichtet in regelmäßigen Abständen über die kleineren und größeren Innovationen der Region, seien sie aus der Universität oder anderen Forschungseinrichtungen, seien sie aus der Wirtschaft oder auch von findigen Bürgern im alltäglichen Bereich.

Mitreden, Mitgestalten, Botschafter sein

Die Botschaften des noch recht jungen Regionalmarketings und seiner Inhalte werden innerhalb der eigenen Region in den Köpfen bald zur Selbstverständlichkeit werden. Der einzelne wird sich auf seinem Platz darüber im Klaren sein, daß er als Zahnrad im Getriebe der Region eine wichtige, wenn auch manchmal kleine Rolle spielt und zum Erscheinungsbild der Region beiträgt. Um diese Entwicklung weiter zu fördern, legt das Management seinen Schwerpunkt für die Jahre 1998 und 1999 auf das Innenmarketing. Überzeugungsarbeit auf Veranstaltungen, seien sie wirtschaftlicher oder kultureller Art, bürgernahe Kampagnen und Direktansprache potentieller Mitglieder auf oberster Ebene sind Mittel dafür, die Region langfristig mit hohem Selbstbewußtsein auszustatten und mit überzeugten Botschaftern nach außen zu vertreten.

Außenmarketing - eigentliches Ziel

Aufgabe des Außenmarketings ist es, an der Region potentiell Interessierte - insbesondere für Gewerbeansiedlung und Existenzgründung - zu erreichen. Durch Medienpräsenz und intensive Informationspolitik, durch Selbstdarstellung auf Messen und Ausstellungen und konkrete Ansprache wichtiger Multiplikatoren aus Politik, Wirtschaft und Medien im Inland und im Ausland wird es gelingen, die Attraktivität des Wirtschaftsstandortes INNOVATIONSREGION ULM spürbar hervorzuheben.

Als erste konkrete Maßnahme präsentiert sich DIE INNOVATIONSREGION ULM - SPITZE IM SÜDEN auf der SwissTech ´98 in Basel und auf der Hannover-Messe im April 1999. Planungen für die Expo 2000 sind im Gange. ∎

Eine der 45 Großplastiken an der Donau.

Unternehmensportrait

Wilken GmbH

Geschäftsführer:
Ernst Wilken
Folkert Wilken

Gründungsjahr:
1978

Jahresumsatz:
27,1 Mio. DM (1997)

Mitarbeiter:
ca. 150

Geschäftstätigkeit:
Entwicklung von Software
für Unternehmen
und Behörden

Anschrift:
Hörvelsinger Weg 25-27
89081 Ulm
Telefon (0731) 9650-0
Telefax (0731) 618174
Internet: http://www.wilken.de

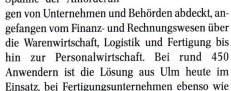

Wilken – größtes und erfolgreiches Softwarehaus am Standort Ulm

Bei rund 450 Anwendern in Industrie, Handel, Dienstleistung, Banken und Versicherungen sowie Verlagen ist Wilken-Software im Einsatz

Zu den Anwendern von Wilken Software gehören prominente Namen. Die Eidgenössische Finanzverwaltung in Bern etwa bildet den Schweizer Bundeshaushalt mit den Produkten aus Ulm ab, aber auch Unternehmen wie Lufthansa AirPlus, die Augsburger Allgemeine oder Kassenzahnärztliche Vereinigungen von Nordrhein-Westfalen bis Bayern setzen auf die Lösung CS/2. Eine Lösung, die die gesamte Spanne der Anforderungen von Unternehmen und Behörden abdeckt, angefangen vom Finanz- und Rechnungswesen über die Warenwirtschaft, Logistik und Fertigung bis hin zur Personalwirtschaft. Bei rund 450 Anwendern ist die Lösung aus Ulm heute im Einsatz, bei Fertigungsunternehmen ebenso wie im Handel, bei Dienstleistern, bei Banken und Versicherungen, in der Druck- und Verlagsbranche oder in der öffentlichen Verwaltung. Mit diesem Anwenderspektrum gehört Wilken nicht nur zu den führenden deutschen Softwareanbietern, mit rund 150 Mitarbeitern ist die Wilken GmbH heute auch das größte Softwarehaus des Großraums Ulm.

Die Unternehmensphilosophie von Wilken Software.

Offen sein für die Anwendungen des Anwenders, das ist grundlegende Philosophie, die hinter allen Softwareentwicklungen der Wilken GmbH steht. Mit CS/2 hat man dieses Prinzip in die Praxis umgesetzt. Denn die Software ist nicht plattformunabhängig, sie läßt sich auch flexibel an die jeweiligen individuellen Geschäftsprozesse anpassen. Möglich wurde dies durch die Verwendung modernster Technologien in der Softwareentwicklung. So ist CS/2 heute die einzige Lösung weltweit, bei der jede Funktion prinzipiell auch von anderen Softwarelösungen aus genutzt werden kann. Aber auch die Integration unterschiedlicher Lösungen, d. h. die Verknüpfung von CS/2 und anderen Softwarepaketen, ist einfach realisierbar. Vorhandenes läßt sich so bewahren, Neues einfach integrieren. Und das auf allen wichtigen Rechnertypen, vom PC unter Windows NT über UNIX-Server und die AS/400 bis hin zum Großrechner. Das Unternehmen oder die Behörde behält so die völlige Entscheidungsfreiheit, wie die jeweilige Datenverarbeitung gestaltet werden soll, ganz nach den individuellen Bedürfnissen. Aber auch die jeweilige Organisation muß nicht an die Prozesse der Software angepaßt werden, die Software paßt sich den individuellen Prozessen der jeweiligen Organisation an. Schließlich, so die Wilken-Philosophie, soll Software ein Werkzeug sein, das bei der Umsetzung der Unternehmensziele hilft und nicht zum Selbstzweck wird.

Zu den wichtigsten Eigenschaften eines Werkzeugs gehört die Zuverlässigkeit. Deswegen hat die Wilken GmbH ihre Produkte prüfen und zertifizieren lassen. So war CS/2 die erste Lösung weltweit, die nach ISO auf ihre Euro- und Jahr-2000-Fähigkeit erfolgreich getestet wurde. Ebenfalls als einzige Lösung im Markt für betriebswirtschaftliche Standardsoftware wurde das komplette CS/2- Rechnungswesen der Prüfung nach ISO 12119 unterworfen, einem Verfahren, das der „TÜV-Prüfung" für Autos entspricht. ■

Unternehmensportrait

Die SCU – Partner in allen Standortfragen

Service Center Ulm bietet vor allem kleineren und mittleren Unternehmen ein rentables Rundum-zufrieden-Paket

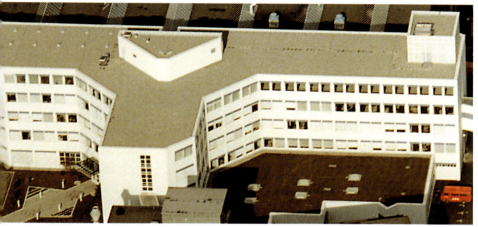

Der SCU-Firmensitz in Ulm.

SERVICE CENTER ULM
SCU-Service Center Ulm GmbH

Gesellschaft für
Standortbetreiberleistungen

Technische Leitung:
Bernhard Scheffold, Dipl.-Ing. (FH)

Kaufmännische Leitung:
Adam Eisele, Dipl.-Kfm.

Prokura:
Gerhard Förstl, Betriebswirt VWA

Gründungsjahr:
1996

Mitarbeiter:
150

Geschäftstätigkeit:
Technische Dienste,
individuelle Datenverarbeitung und Kommunikation,
Finanz- und Rechnungswesen,
Personalwesen,
Materialwirtschaft,
Arbeitssicherheit, Umweltschutz,
Betriebsärztlicher Dienst,
Catering

Kunden:
Region Süddeutschland

Anschrift:
Söflinger Straße 100
89077 Ulm
Telefon (0731) 933-0
Telefax (0731) 933-1205
E-Mail: info@SCU.de
Homepage: www.SCU.de

Die SCU - Service Center Ulm GmbH ist eine Gesellschaft für Standortbetreiberleistungen. Der Schwerpunkt der Unternehmung liegt in der Bewirtschaftung von Büro- und Industriestandorten. Das SCU ist ein selbständiges Unternehmen im Daimler-Benz-Konzern und hat in seiner Muttergesellschaft, der Elekluft GmbH mit Hauptsitz in Bonn, einen kompetenten Partner in Sachen Standortmanagement. Die Elekluft GmbH ist mit 1.250 Mitarbeitern und einem Umsatz von 280 Millionen DM eines der großen Dienstleistungs-Unternehmen. Es verfügt über ein breites Netzwerk mit Niederlassungen im gesamten Bundesgebiet, sowie Tochterunternehmen im In- und Ausland.

Das Service Center Ulm bietet ein breites Spektrum an Dienstleistungen :
- Technische Dienste
- Individuelle Datenverarbeitung und Kommunikation
- Finanz- und Rechnungswesen/Datenverarbeitung
- Personalwesen
- Materialwirtschaft
- Arbeitssicherheit/Umweltschutz/ Betriebsärztlicher Dienst und
- das komplette Catering.

Das Ziel von Standortmanagement ist die Steigerung der Rentabilität einzelner Bereiche, bei gleichzeitiger Konzentration der Leistung auf das eigentliche Kerngeschäft Ihres Unternehmens. Darauf sind wir spezialisiert. Dabei verstehen wir uns nicht nur als Auftragnehmer, sondern als ganzheitlicher Partner in allen Fragen, die Ihren Standort betreffen. Wir sind uns der Verantwortung dieser Aufgabe bewußt und stolz darauf, zu unserem bestehenden Kundenstamm ein Verhältnis von absolutem Vertrauen und eine gemeinsame Zielsetzung zu haben.

Dies wird erreicht durch:
- klar definierten Leistungsumfang
- flexible Vertragslaufzeiten
- garantierte Termintreue
- Kostentransparenz und
- eindeutige Verantwortlichkeiten.

Die Kunden sind kleine bis mittelgroße Industrieunternehmen mit ca. 800 Mitarbeitern. Betriebe dieser Größenordnung müssen viele Aufgaben erfüllen, die mit ihrem eigentlichen Kerngeschäft oft wenig zu tun haben. Für jedes Aufgabengebiet einen Spezialisten zu beschäftigen, ist für solche Betriebe untragbar, weil gute Leute erstens viel zu teuer sind und zweitens nicht ausgelastet werden können. Für diese Betriebsgrößen ist das SCU deshalb der ideale Partner. Aber auch mit Großunternehmen und Konzernen, die aus Renditegründen Bereiche auslagern, arbeitet das Center erfolgreich zusammen.

Wissenschaft

Forschung und Lehre bleiben uniert. Die Universität Ulm in der Wissenschaftsstadt auf dem Oberen Eselsberg

Wissenschaft und Forschung sind keine Veranstaltung des Tages für den Tag und ihre Produkte in der Regel keine Wegwerfartikel. Die Wissenschaften und ihr philosphischer Überbau, die Erkenntnistheorie, werden gemeinhin von dem Gedanken der Überzeitlichkeit geprägt. Zwar mögen die Erkenntnisfähigkeit zeitbedingt und beschränkt und mithin die Erkenntnisse veränderlich, das heißt erweiterungs- und gegebenenfalls korrekturbedürftig sein; die Zielrichtigung wissenschaftlicher Arbeit ist dessen unbeschadet der zeitlos gültige Satz. Demgemäß hat wir es traditionellerweise das Humboldtsche Bildungsideal, die Humboldtsche Idee der Universität.

Sei es nun in der Lehre oder in der Forschung - der Grundgedanke blieb derselbe: Wissenschaft sollte frei von jedweder Spielart der Abhängigkeit sein. So wurde zum Beispiel die aus der Kaiser-Wilhelm-Gesellschaft hervorgegangene Max-Planck-Gesellschaft in ihrer Satzung des Jahres 1948 als eine „Vereinigung freier Forschungsinstitute" definiert, „die nicht

Prof. Dr. Hans Wolff

Geboren am 20 Dezember 1938,
1958 bis 1964 Studium der Mathematik und Physik an der Universität Braunschweig.
1969/1970 „research mathematician" in der weltweit anerkannten Forschergruppe Psychometrie am Educational Testing Service von Princeton (USA).
Ab 1970/1971 wissenschaftlicher Mitarbeiter der Fraunhofer-Gesellschaft.
1979 Habilitation im Fach Mathematik über „Parameterbedingungen bei linearen Lernregeln und stochastischen Approximationsverfahren".
Seit Oktober 1995 Rektor der Universität Ulm.
Seit März 1998 gewählter Vorsitzender der Landesrektorenkonferenz Baden-Württemberg.
Prof. Wolff ist Autor bzw. Koautor mehrerer Lehrbücher über Wahrscheinlichkeitstheorie und Statistik und Verfasser zahlreicher wissenschaftlicher Publikationen.
Prof. Wolff ist Mitglied zahlreicher wissenschaftlicher Verbände, darunter der Deutschen Mathematiker-Vereinigung, der American Statistical Association und der Internationalen Biometrischen Gesellschaft.

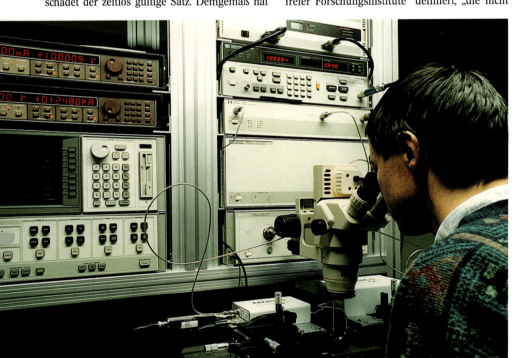

Universität Ulm, Fachbereich Elektrotechnik (Abt. Elektronische Bauelemente und Schaltungen); Meßplatz zur Charakterisierung der Hochfrequenzeigenschaften und des Mikrowellenrauschens von Transistoren.

sich auch bei der universitären Bildung ein Ideal geformt, das in der Universität nicht die „Höhere Berufsschule" sieht, sondern vor allem eine Stätte geistiger und methodischer Erziehung zur Wahrheit und zur Erkenntnis derselben, abseits von Zweckbestimmungen, die mit diesem grundsätzlichen Wissenschaftsverständnis nichts zu tun haben. Von Wilhelm von Humboldt theoretisch und praktisch ausgeformt, nennen dem Staat und nicht der Wirtschaft angehören". „Sie betreibt", heißt es unmißverständlich, „die wissenschaftliche Forschung in völliger Freiheit und Unabhängigkeit, ohne Bindung an Aufträge, nur dem Gesetz unterworfen." Hier mochte die Beschwörung des Theologen Adolf von Harnack nachwirken, der bereits 1910 gegenüber dem preußischen Minister Trott zu Solz erklärt hatte, es müsse sichergestellt werden, daß sich in der Einrichtung keine „Abhängigkeit der Wissenschaft von Clique und Kapital" ergibt. Aber auch Max Planck, der Namenspatron selbst, hatte der Nachfolgerin der Kaiser-Wilhelm-Gesellschaft das hier zum Ausdruck kommende Ideal ohne Umschweife ins Stammbuch geschrieben: die Gesellschaft möge sich immer bewußt bleiben, „daß sie unabhängig von allen Strömungen der Zeit nur der Wahrheit der Wissenschaft dienen soll".

Wissenschaft

Universität Ulm, Universität West (Ingenieurwissenschaften), Teilansicht der Südschiene; rechts der Dekanatsturm.

Kein Zweifel, daß in der Gegenwart solche ehernen Grundsätze gegebenenfalls noch immer gern zitiert werden, doch rigoros interpretieren lassen sie sich nicht mehr. Mit anderen Worten: von der Wissenschaft wird heute erwartet, daß sie sich der Wirtschaft gegenüber nicht nur öffnet, sondern die Begegnung auch aktiv sucht, statt selbstgenügsam nur in sich selbst zu kreisen. Im Wissenstransfer, ja mehr noch: in der gezielten Indienststellung der Forschung für wirtschaftliche und technologische Problemlösungen sieht die Moderne eine unverzichtbare und deshalb selbstverständliche Leistung der Wissenschaft. Zumal in Ländern wie Deutschland, deren Wirtschaftskraft und Lebensstandard von der technologischen Innovation abhängen, hat die Überzeugung, daß Wissenschaft und Wirtschaft eine nicht nur zufällige Beziehung eingehen, daß wissenschaftliche Erkenntnisse möglichst ohne Zeitverlust in technologische und Produktwirklichkeit umgesetzt werden sollten, den Charakter eines Credos angenommen. Ob sich daraus schon zwangsläufig die Folgerung ergibt, daß das reinerbige Ideal einer nur sich selbst und der Wahrheit verpflichteten Wissenschaft restlos über Bord zu werfen und durch das Grundprinzip des praktischen Nutzwertes wissenschaftlicher Erkenntnis zu ersetzen sei, erscheint fraglich. Daß sich Wissenschaft aber den vielfältigen technischen und sonstigen gesellschaftlichen Bedürfnissen und Erfordernissen nicht verschließen könne und mithin also transfer- und kooperationsbereit sein müsse, unterliegt mittlerweile auf breiter Front kaum noch einem Zweifel.

Legendäre Denkschrift

Es war diese Überzeugung, aus der die Konzeption der Ulmer Wissenschaftsstadt erwuchs. Der Begriff und die dahinterstehende Vorstellung einer heterogenen Forschungslandschaft, deren Bestandteile aber aufeinander bezogen sind und so zur Kooperation angeregt werden, begann sich seit 1985 durchzusetzen. Ihr Ausgangspunkt ist die Universität Ulm, die in ihrer mittlerweile schon legendären Denkschrift „Entwicklungsperspektiven der Universität Ulm bis zum Jahr 2000" 1986 bereits konkrete Szenarien für das Miteinander von universitärer Grundlagenforschung und industrieller Produktforschung entwarf.

Am 17. September 1987 gab der damalige baden-württembergische Ministerpräsident Lothar Späth, dem die Denkschrift im Juni 1986 überreicht worden war, eine Regierungserklärung zur Wissenschaftsstadt, das heißt zu dem Willen der Landesregierung ab, das gedachte Modell der Zusammenarbeit zwischen Wissenschaft und Wirtschaft, konkret den Aufbau einer Forschungslandschaft, an der neben der Universität als Zentrum und Kristallisationskern sowohl industrielle Forschungseinrichtungen als auch An-Institute an der Schnittstelle zwischen der Grundlagen- und der anwendungsbezogenen Forschung beteiligt sind, auf dem Oberen Eselsberg in Ulm fördern zu wollen.

Wissenschaft

Universität Ulm, Abteilung Festkörperphysik; Dual-Beam-Sputter-Anlage zur Herstellung ultraharter kubischer Bornitrid-Schichten.

Im Kontext dieses Vorhabens war es ein Schlüsselanliegen, die Universität dahingehend auszubauen, daß sie mit dem zu erwartenden industriellen Forschungsumfeld in der Wissenschaftsstadt, also insbesondere mit Daimler-Benz als größtem Ansiedler und Repräsentanten zugleich des in Ulm schon länger ansässigen, jetzt aber auf den Oberen Eselsberg zu verlegenden AEG-Forschungsinstituts, „kompatibel" sein würde. Darin bestand ja schließlich der Leitgedanke des Unternehmens Wissenschaftsstadt: daß durch das Nebeneinander der unterschiedlichen Forschungswelten Kooperationen möglich und Synergie-Effekte erzielt werden, die im Dienste der als dringend notwendig erachteten Beschleunigung des Übergangs von wissenschaftlicher Erkenntnis in praktische Verwertung stehen. Hier gab es einiges zu tun. Fünf Wissenschaftsfelder faßte der Ausbauplan für die Universität ins Auge: Elektrotechnik, Informatik, Energietechnik, Medizintechnik und Technikfolgenforschung.

Der Kanon bleibt offen

Das Ulmer Fächerspektrum war zu der Zeit eng, es galt als das kleinste einer deutschen Universität. Als Produkt der zweiten universitären Neugründungswelle nach dem zweiten Weltkrieg hatte die Universität Ulm schon vergleichsweise früh die Vorstellung ad acta legen müssen, je zu einer Volluniversität im Sinne der Universitas litterarum klassischer Prägung wachsen zu können.

Zwar ließ sie zu keiner Zeit einen Zweifel daran, daß sie ihren Fächerkanon als noch nicht abgeschlossen betrachtete, jedoch stellten sich über mehr als ein Jahrzehnt hinweg nur Möglichkeiten zu bescheidener fachlicher Arrondierung dar. Nicht einmal die (Studiengangs-)freien geisteswissenschaftlichen Lehrstühle, die von den Gründervätern für unverzichtbar gehalten und in die Memoranden geschrieben worden waren, ließen sich verwirklichen. Aus dieser Not hat die Universität später zwar keine Tugend, aber eine strukturelle Idee gemacht, die Idee des Humboldt-Studienzentrums für Philosophie und Geisteswissenschaften, dem dann noch das Zentrum für Sprachen und Philologie folgte. Die Einrichtungen tragen soweit möglich aus eigener Kraft und durch die Verpflichtung zahlreicher renommierter auswärtiger Wissenschaftler in Stiftungs- und sonstigen Gastprofessuren der Notwendigkeit Rechnung, den Ulmer Studenten der Naturwissenschaften, der Medizin, der Informatik und der Elektrotechnik Möglichkeit zu geisteswissenschaftlichen Begleitstudien zu eröffnen.

Die Ulmer Anfänge waren also eher bescheiden und auch die weiteren Entwicklungen nicht selten vom Mangel an den eigentlich erforderlichen Mitteln geprägt. In Konkurrenz zu Konstanz stehend, das zeitgleich mit Ulm Universitätsstadt werden wollte, war Ulm zunächst auf die Medizin fokussiert worden, die man wegen der nationalen Randlage von Konstanz und dem infolgedessen beschränkten Patienteneinzugsgebiet dort nicht ansiedeln mochte. So konkretisierte sich die Ulmer Universitätsidee in einer medizinisch-naturwissenschaftlichen Hochschule, deren vollwertiger naturwissenschaftlicher Teil der Überlegung zu danken war, daß die Naturwissenschaften nicht auf den Status von Dienstleistern der medizinischen Ausbildung reduziert werden können, ohne Schaden an sich selbst und damit dann auch an ihrer Dienstleistungsfunktion zu nehmen. Medizin, Biologie, Chemie, Physik und Mathematik hießen die Fächer, die die Universität Ulm im Anfang ausmachten. Freilich konnte der Lehrbetrieb nicht gleich mit der Gründung am 25. Februar 1967 in allen Fächern aufgenommen werden. Es standen ja auch noch gar keine Baulichkeiten zur Verfügung, so daß sich die Universität zunächst in verschiedene, auf die Stadt verteilte Gebäude einmieten mußte, soweit sie nicht, in Gestalt nämlich der Medizin, in bestehende Kliniken, nämlich in die Städtischen Krankenanstalten einzog.

Der Ausbau hatte aus den erwähnten Gründen fortwährender Mittelknappheit nur bescheidene Dimensionen. Doch auch wenn die Masse fehlte – bis 1982 kamen zu den fünf primären Studiengängen lediglich zwei hinzu – so war dem Zuwachs doch die Qualität nicht abzusprechen. Zum Wintersemester 1977/78 wurde der Studiengang Wirtschaftsmathematik eröffnet. Damit betrat die Universität Ulm Ausbildungsneuland in Deutschland. 1982 konnte sie der Humanmedizin die Zahnmedizin an die Seite stellen und den medizinischen Sektor mit einem wichtigen Element arrondieren. In besonderer Weise sollte sich die

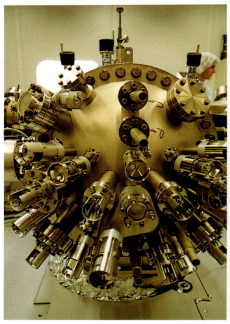

Universität Ulm, Universität West, Mikroelektronik-Technikum (Reinstraumgebäude), Molekularstrahlepitaxie.

Wissenschaft

Wirtschaftsmathematik als Glücksgriff, ja als wahrhaft großer Wurf im Sinne der Bereicherung nicht nur der Universität Ulm, sondern der deutschen Hochschullandschaft insgesamt erweisen. Nach seiner Premiere in Ulm konnte sich der Studiengang sehr schnell über die damalige Bundesrepublik Deutschland ausbreiten. Heute wird er von einem Viertelhundert Universitäten und Fachhochschulen, abgeleitet von dem Ulmer Original, angeboten. Es zeigte sich nämlich sehr bald, daß die Wirtschaft an den Absolventen stark interessiert ist. Mathematiker mit wirtschaftlichem Sachverstand - das Ulmer Curriculum verbindet Mathematik, Wirtschaftswissenschaften, Informatik und Operations Research - werden in allen denkbaren wirtschaftlichen Branchen gebraucht. Ob es darum geht, Produktionsprozesse mathematisch abzubilden und zu steuern, Märkte und Marktchancen zu analysieren, Marktstrategien zu entwickeln, wirtschaftliche und technische Prozesse zu optimieren oder im Sinne des modernen Financial Engineering marktnahe Bewertungs- und Risikomeßverfahren bei den Finanzdienstleistungen mit Hilfe mathematischer Modelle zu entwickeln und zu handhaben - der Wirtschaftsmathematiker ist ubiquitär.

Ausbauschub

Doch noch einmal zurück zu jenen, ihren Ausgang in der Mitte der 80er Jahre nehmenden Vorgängen, die wesentlich zur Gestalt und zum Gesicht der heutigen Universität Ulm beigetragen haben. Der von Ministerpräsident Lothar Späth am 17. September 1987 abgegebenen Regierungserklärung folgte sehr bald, nämlich schon einen Monat danach, am 16. Oktober desselben Jahres, der Landtagsbeschluß zum Aufbau der Wissenschaftsstadt Ulm auf dem Oberen Eselsberg und in dessen Kontext sowie im Rahmen des Nachtragshaushalts 1987/88 die Bewilligung der ersten Personalstellen für den Ausbau der Universität Ulm. Weniger als zwei Jahre später konnte die von der Landesregierung eingesetzte Lenkungskommission im März 1989 ihren Abschlußbericht vorlegen, dem eine befürwortende Stellungnahme des Wissenschaftsrats zum Forschungszentrum Ulm am 27. Januar 1989 vorausgegangen war. Der Wissenschaftsrat würdigte das Konzept der Wissenschaftsstadt als „bildungspolitisch wichtiges und positives Signal für die Hochschul- und Forschungspolitik" und empfahl seine Aufnahme in die Förderung nach dem Hochschulbauförderungsgesetz, soweit der universitäre Ausbau betroffen war. Der galt wie gesagt den Fachbereichen Elektrotechnik, Informatik, Energietechnik, Medizintechnik und Technikfolgenforschung und erforderte zugleich eine Erweiterung der architektonischen Liegenschaften. Hieraus entwickelte sich der Baukomplex der sogenannten Universität West, die zur Heimstatt vor allem der neuen ingenieurwissenschaftlichen Fakultät wurde. Zum Wintersemester 1989/90 begann der Lehrbetrieb in den Fächern Elektrotechnik und Informatik. Kurz zuvor, mit Wirkung vom 1. Oktober 1989, war vor dem Hintergrund des umfangreichen Ausbaus, der in Hinsicht auf seine Dimension beinahe mit der Gründungsphase vergleichbar ist, eine Grundordnungsänderung in Kraft getreten, die eine Neuordnung der Fakultätsstruktur zum Gegenstand hatte. Heute besteht die Universität Ulm aus fünf Fakultäten, der Fakultät für Naturwissenschaften, der Fakultät für Mathematik und Wirtschaftswissenschaften, der Fakultät für Ingenieurwissenschaften, der Fakultät für Informatik und der Medizinischen Fakultät. Wichtig war und blieb für Ulm und sein Selbstverständnis die Vereinigung der Fächer „unter einem Dach". Die „Universität unter einem Dach" stellte ein wesenhaftes Element der Ulmer Universitätsidee dar und hatte als solches gleichsam formelhaften Charakter schon im frühen, noch imaginalen Bild der Universität angenommen. Von entscheidender Bedeutung für die Universität Ulm und ihre Entwicklung aber war, daß sich der Gedanke nicht im Schlagwort, nicht in der rhetorischen Formel erschöpfte, sondern bestimmend wurde für die innere und äußere Universitätsstruktur, bestimmend also auch für die architektonischen Gegebenheiten. Universität unter einem Dach bedeutete - hierin lag der maßgebliche Hintergrund für die den Gründervätern vorschwebende Figur - die lokale Nachbarschaft der einzelnen Fächer und die aus

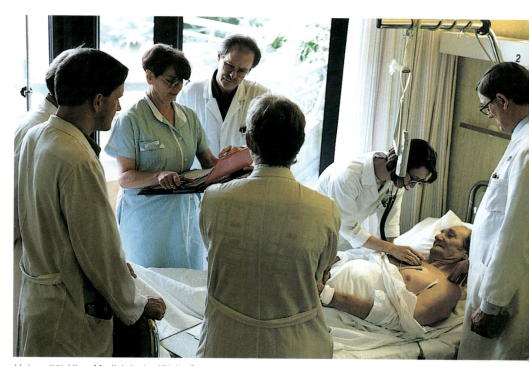

Universität Ulm, Medizinische Klinik, Station der Abteilung Innere Medizin II (Kardiologie, Pneumonologie, Nephrologie; Ärztlicher Direktor Prof. Dr. Vinzenz Hombach, im Bild rechts).

DRK-Blutspendezentrale Ulm, Selektion und Reinigung von peripheren Stammzellen zur autologen Stammzelltransplantation.

Wissenschaft

Universität Ulm, Fakultät für Mathematik und Wirtschaftswissenschaften; mathematische Vorlesung.

dieser Nachbarschaft erwachsende interdisziplinäre Begegnung. Der Begriff der Interdisziplinarität hat in den vergangenen Jahrzehnten Furore gemacht und wird auch heute gern verwendet, wenn es darum geht, die Notwendigkeit der fachübergreifenden Wissenschafts- und Forschungskommunikation herauszuarbeiten und den einzelnen wissenschaftlichen Fächern den Abbau etwaiger „Grenzwälle" gegenüber den anderen Disziplinen nahezulegen. Denn durch gemeinsamen Umgang und Gespräch werden gegenseitige Befruchtung möglich und Synergie-Effekte freigesetzt, die sich anders als auf diesem Wege der gemeinschaftlichen Bearbeitung komplexer Frage- und Problemstellungen nicht bewirken lassen, und werden womöglich manche wissenschaftlichen Zugänge überhaupt erst erkannt.

In Ulm wurde dieser Vorstellung große Bedeutung beigemessen und der Gedanke der Neugründung sozusagen ins Pflichtenheft geschrieben. Damit in Hinsicht auf diese wünschbare und geforderte Interdisziplinarität nicht bei der wohlfeilen Parole bleibt, sondern das für richtig Erkannte überseine rhetorisch notwendige Vergegenwärtigung hinaus in der universitären Realität konkrete Gestalt annimmt, würde also die beschriebene baukörperliche Einheit der Universität angestrebt. Sie konnte durch die Campusanlage auf dem Oberen Eselsberg in einem hohen Maße verwirklicht werden. Darüber hinaus wirkte sie in den universitären Ausbau im Kontext der Wissenschaftsstadt hinein, insofern die Universität West, Sitz insbesondere der Einrichtungen des Faches Elektrotechnik, ganz bewußt als integrierender Bestandteil dieses architektonischen Kontinuums aufgefaßt worden ist. Der andere Aspekt der durch das „eine Dach" charakterisierten Universität ist im übertragenen Sinne zu verstehen und meint summarisch das Miteinander statt des isolierten Nebeneinanders der forschenden Einrichtungen. So achtete zum Beispiel die Berufungspraxis nach Möglichkeit darauf, daß die neu zu berufenden Hochschullehrer in ihren Forschungsschwerpunkten Berührungspunkte mit den Spezialitäten der bereits ansässigen Wissenschaftler haben. Doch auch damit hatte es sein Bewenden nicht, es wurde noch mehr getan: an die Stelle der traditionellen Organisationsfigur des Instituts trat in Ulm die „Abteilung", mit der sich die Erwartung verband, daß sie als - gegenüber dem Institut - kleinere Struktureinheit ein höheres Maß an Flexibilität gewährleisten würde. Schwerfälligkeiten, die sich womöglich aus Struktur- und Kompetenzverliebtheit ergeben, sollten so umgangen werden, um auf diese Weise zum Beispiel schneller und effizienter auf wissenschaftliche Entwicklungen reagieren zu können, etwa in der Gestaltung der einzelnen fachbezogenen Curricula. Dieser gedanklichen Grundfigur entsprechen einerseits die zentralen Dienstleistungen, die fächerübergreifende Bedeutung haben, wie die Elektronenmikroskopie, die Kernresonanzspektroskopie, die Kalorimetrie und andere. Sie wurden als Sektionen individualisiert, also nicht in einen einzelnen Abteilungsverbund gestellt; andererseits sind mit den in Ulm so genannten und in der Bundesrepublik Deutschland beispielhaften Unterrichtskommissionen Instrumente geschaffen worden, die das Curriculum als kollektives Anliegen des Faches betrachten und gestalten können und das jeweilige Lehrangebot als ein „Gemeinschaftswerk" definieren. Diese Unterrichtskommissionen, ein charakteristisches

Wissenschaft

Universität Ulm, Phantom-Kurs im Studium der Zahnmedizin.

Element der Reformuniversität Ulm, haben sich bewährt und über Ulm hinaus Zustimmung gefunden. Heute sind sie in Gestalt der Studienkommissionen fester, im Universitätsgesetz verankerter Bestandteil der baden-württembergischen Universitäten.

In der vordersten Linie

Im Laufe ihrer noch jungen Geschichte hat die Universität Ulm immer wieder aufs neue bewiesen, daß ihre Wissenschaftler nicht nur in den vordersten Linien der Forschungsfront stehen, sondern auch in der Lage sind, ihre Kräfte im Sinne der Interdisziplinarität und das heißt der gemeinschaftlichen wissenschaftlichen Arbeit an Problemlösungen zu bündeln. Klassischer Ausdruck der häufig fach- und nicht selten sogar fakultätsübergreifenden gemeinsamen Forschungsarbeit sind die Sonderforschungsbereiche der Deutschen Forschungsgemeinschaft (DFG). Die Universität konnte in der Vergangenheit eine ganze Reihe dieser DFG-geförderten SFBs gewinnen. Gegenwärtig aktiv sind der Sonderforschungsbereich 239 - Molekulare und kolloide Organisation von Oligomeren und Polymeren, der Sonderforschungsbereich 527 - Integration symbolischer und subsymbolischer Informationsverarbeitung in adaptiven sensomotorischen Systemen und der Sonderforschungsbereich 518 - Entzündung, Regeneration und Transformation im Pankreas. In der Projektstruktur des SFB 239 - Molekulare und kolloide Organisation von Oligomeren und Polymeren, dem ältesten der drei aktiven SFBs, bildet sich praktisch das ab, wovon weiter oben schon die Rede war, nämlich die Konzentration auf wissenschaftliche Spezialitäten im Forschungspanorama der Universität, einer Konzentration, der durch die Berührungspunkte in den Arbeitsfeldern der Universitätsmitglieder Vorschub geleistet wird. Auf dieser Basis hat sich in Ulm ein vieljähriger und von dem speziellen SFB auch zunächst unabhängiger Schwerpunkt in der vielgestaltigen Polymerwissenschaft herausbilden können. Daß dieser Schwerpunkt fächerdurchdringend war, also nicht auf die Physik oder die Chemie beschränkt blieb, zeigt sich im thematischen Spektrum und in der personellen Zusammensetzung des jetzigen SFB 239.

Gleichsam musterhaft steht auch der SFB 527 - Integration symbolischer und subsymbolischer Informationsverarbeitung in adaptiven sensomotorischen Systemen für die fakultätsübergreifende Kooperation zahlreicher Wissenschaftler. Die Neuroinformatik, jene informatische Teildisziplin, deren Ziel es ist, Prinzipien der Informationsverarbeitung in Lebewesen auf technische Modelle zu übertragen, spielt hier eine Schlüsselrolle. Ein weiterer zentraler Part fällt der Künstlichen Intelligenz zu, zu deren Forschungsdomäne es gehört, höhere kompetitive Fähigkeiten wie Planen, Schließen, Problemlösen usw. maschinell zu realisieren. Beteiligt sind aber nicht nur Informatiker, sondern auch Ingenieurwissenschaftler, Naturwissenschaftler und die Theoretische Medizin, so die Sektion Neurophysiologie, die Abteilung Vergleichende Neurobiologie, und die Abteilung Meß-, Regel- und Mikrotechnik. Zu diesem Teilnehmerfeld kommen zwei wichtige Externe, soll heißen nichtuniversitäre Partner. Das Forschungsinstitut für anwendungsorientierte Wissensverarbeitung Ulm (FAW), eines jener An-Institute, die sich im Zuge des Aufbaus der Wissenschaftsstadt auf dem Oberen Eselsberg angesiedelt haben, und die Abteilung Sprachverstehende Systeme des Daimler-Benz-Forschungszentrums Ulm. Hier wird in der Praxis das elementare Anliegen der Wissenschaftsstadt konkret: die Zusammenarbeit zwischen der Grundlagenforschung in der Universität und der anwendungsbezogenen Industrieforschung.

Eine zentrale Problemstellung des SFB 527 besteht in der Verknüpfung der für Handlungsentschlüsse (Pläne, Entscheidungen, Schlußfolgerungen) erforderlichen Fähigkeiten mit der Fähigkeit zur Adaptivität, das heißt der sensorischen Erkundung einer veränderlichen Umwelt und der flexiblen Reaktion auf unerwartete Ereignisse. Erkennbar ist hier die Rede von einer höheren Robotik, bei der nicht im Sinne von vorgefertigten, gleichbleibenden Bewegungsmustern sozusagen in immer wiederkehrender Weise an definierten „Fäden" gezogen wird, sondern die - wie der Begriff Adaptivität zum Ausdruck bringt -

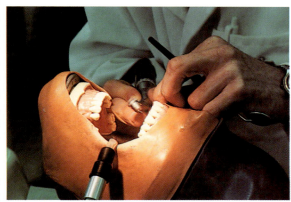

Universität Ulm, Phantomkurs Zahnmedizin.

Wissenschaft

Universität Ulm, Teilansicht der Südfront.

Kompetenz im Bereich der Behandlung und Beforschung der Pankreaserkrankungen auf. Die Pankreatiden (entzündliche Bauchspeicheldrüsenerkrankungen) und das Pankreaskarzinom haben eine steigende Inzidenz, das heißt die Neuerkrankungsfälle nehmen zu. Bei derzeit noch sehr beschränkten therapeutischen Möglichkeiten ist die Sterblichkeit hoch. Der Ulmer SFB, an dem neben der Inneren Medizin und der Allgemeinen Chirurgie die Klinische Chemie, Nuklearmedizin, Pathologie, Pharmakologie und Toxikologie sowie Biochemie beteiligt sind, wird sich auf Fragen der Pathophysiologie und Pathogenese bei Pankreaskarzinom, Pankreatitis und Diabetes konzentrieren. Im Themenbereich Entzündung und Regeneration stehen die entzündlichen Prozesse des exokrinen und des endokrinen Pankreas im Zentrum des Interesses. Exokrin heißt derjenige Anteil der Bauchspeicheldrüse, der die Verdauungsenzyme produziert und an den Verdauungsapparat abgibt. Unter dem endokrinen Pankreas ist der sogenannte Inselapparat zu verstehen, die Gesamtheit der für die Synthese des Insulins zuständigen Langerhans-Zellen. Im Teilbereich Transformation geht es um eine komplexe Betrachtung der zellulär-molekularen Mechanismen des Pankreaskarzinoms, insbesondere um das Verständnis von Genveränderungen, des Auftretens aktiver Protoonkogene und des Versagens der Tumorsuppressorgene, mit anderen Worten um die Frage, welche molekularen Mechanismen auf zellulärer Ebene ablaufen, wenn sich aus einer chronischen Pankreatitis Pankreaskrebs entwickelt.

Molekulare Ebene

Sonderforschungsbereiche bilden mit ihrer ausgewählten Thematik und deren komplexer Bearbeitung naturgemäß Forschungsbrennpunkte einer Universität. Daneben gibt es andere Schwerpunkte, die, ohne in SFBs eingemündet zu sein, in besonderer Weise auf sich aufmerksam machen. „Regulation der zellulären Differenzierung durch interzelluläre Kommunikation und intrazelluläre Signale" ist ein solches Thema, das durch eine Ulmer DFG-Forschergruppe repräsentiert wird. Gegenstand der Untersuchungen, die unter Teilnahme mehrerer Abteilungen der Medizinischen Fakultät durchgeführt werden, ist, vereinfacht ausgedrückt, die Frage, auf welche Weise die zelluläre Differenzierung bei der individuellen Entwicklung des Menschen vonstatten geht und wie sie gesteuert wird. Der Anfang des Menschen im Mutterleib, die Zygote, ist ja bekanntlich einzellig. Durch fortwährende Zellteilung entwickelt sich schließlich der Embryo

unvorhergesehene Ereignisse autark und planvoll beantwortet, also ihre sensorischen Erkundungen in situationsangemessene Bewegungsabläufe umsetzen kann. Um in der Lage zu sein, ihre variable realweltliche Umgebung, die sich in keinem fertigen Programm vorwegnehmen läßt, zu erkunden und auf deren Veränderungen zu reagieren, müssen die Roboter subsymbolische Informationen (Muster) erkennen, bekannten Symbolen zuordnen und aus diesen Prozessen der Informationsverarbeitung zugleich autonom lernen können. Je nachhaltiger dieser Lernprozeß, und das bedeutet hier: je komplexer das Musterverständnis des Roboters ist, desto zuverlässiger wird er die aufgenommenen Informationen verarbeiten und sachgerecht agieren.

Der Sonderforschungsbereich 518 - Entzündung, Regeneration und Transformation im Pankreas nimmt die an der Universität Ulm ausgeprägte

Wissenschaft

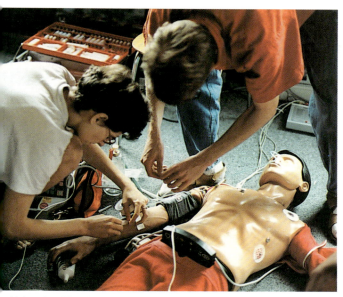

Universität Ulm, Kurs Notfallmedizin.

und das zu gebärende lebensfähige Kind. Woher aber kennen die Zellen ihre Bestimmung, woher weiß die eine Zelle, daß sie eine Leberzelle zu werden hat, und die andere zum Beispiel eine Zelle des Großhirns? Hier ist unser Wissen noch sehr bescheiden, und es öffnet sich folglich ein weites Forschungsfeld. Eine andere DFG-Forschergruppe setzt sich mit Biomechanik und Biologie der operativen Behandlung der Verletzungen des Bewegungsapparates auseinander. Biologische Vorgänge bei der Knochenheilung und die Wertigkeit operativer Maßnahmen sowie der zur Knochenwiederherstellung eingesetzten Materialien beschäftigen hierbei die Wissenschaftler. Einen wichtigen Aspekt bildet die Biomechanik mit ihren Erkenntnissen zum Beispiel über die Belastungsverhältnisse im Bewegungsapparat, etwa der Wirbelsäule, und ihr Einfluß auf therapeutische Prozesse, die durch geeignete Maßnahmen möglichst effektiv unterstützt werden sollen.

Es ist schon bei der Beschreibung des Sonderforschungsbereiches, der dem Themenfeld der Bauchspeicheldrüse und ihren Erkrankungen gewidmet ist, deutlich geworden, daß neue wissenschaftliche Erkenntnisse vor allem von einem besseren Verständnis molekularer Vorgänge erwartet werden. Das gilt für die Medizin, aber nicht weniger auch für die Naturwissenschaften. „Molekularbiologie" heißt deshalb auch ein Schwerpunkt in der Ulmer Biologie, der sich verstärkt dem komplexen Thema molekularer Regulationsmechanismen widmet. Hieraus soll ein Sonderforschungsbereich erwachsen, der die Medizin, die Ingenieurwissenschaften und zugleich industrielle Forschungskompetenz mit einbezieht. Dabei wird es vor allem um die

Anwendungsfälle der Gentechnik und der Biotechnologie gehen. Ein nicht minder wichtiges, aber - im Verhältnis zur Vielfalt der Lebenserscheinungen - noch schwach bearbeitetes Wissensgebiet ist das der Funktionsweise und der mannigfachen Wechselwirkungen von Ökosystemen. Damit stellt sich grundlegend die Aufgabe, die Biodiversität unseres Planeten umfassender als bisher aufzuklären. Im Kronendach tropischer Regenwälder findet das Leben statt, nicht das ganze freilich, aber ein beträchtlicher Teil. Schätzungen gehen davon aus, daß 80 % aller derzeit die Erde bevölkernden Tier- und Pflanzenarten hier zuhause sind. Davon ist bislang nur der geringste Teil bekannt. Die Zahl der Insektenarten zum Beispiel wird auf acht Millionen geschätzt - nur etwa zehn Prozent kennt man bisher. Von den angenommenen 1.500.000 Pilz- und Flechtenarten wurden bislang nur etwa fünf Prozent beschrieben. Noch vergleichsweise wenig weiß man von den zahllosen Lebensgemeinschaften, Lebensstrategien und Wechselbeziehungen der Tier- und Pflanzenwelt. Das soll und muß sich ändern. An der Universität Ulm ist dazu ein Forschungsschwerpunkt, das sogenannte COPAS-Baumkronenprojekt aufgelegt worden, das nicht nur durch weltweite Ausstrahlung, sondern auch weltweite Beteiligung gekennzeichnet ist. Sein technisches Kernstück besteht aus einem Seilbahnsystem, dem sogenannten „Canopy Operation Permanent Access System" (COPAS), das eine von Lebensraum-verändernden und infolgedessen ergebnisverfälschenden Eingriffen freie Baumkronenforschung ermöglicht. In diesem Projekt - es wird durch den Aufbau von Informations- und Datenbanksystemen zur biologischen Systematik flankiert - gehen die Grundlagenforschung und Anwendungsaspekte bei der Untersuchung von Fragen der nachhaltigen und ökologisch tolerablen Nutzung der tropischen Regenwälder eine deutliche Verbindung ein. Experimentelle Ökologie und Ökotoxikologie, selbstverständlich auch in Hinsicht auf unsere heimischen Biotope, verbinden sich mit der Biodiversitätsforschung zu einem Forschungskomplex weit in die Zukunft weisender Bedeutung.

Die Schlüsselbegriffe „Energietechnik" und „Neue Materialien" führen zu wissenschaftlichen Schwerpunkten hin, die u.a. von der Chemie gesetzt werden, etwa in der Elektrochemie, die innerhalb der Wissenschaftsstadt auf dem Oberen Eselsberg sowohl mit dem Zentrum für Sonnenenergie- und Wasserstoffforschung, einem der frühen An-Instituten im Umfeld der Universität, als auch einem Schwerpunkt für Elektrochemie innerhalb des Daimler-Benz-Forschungszentrums korrespondiert. Neben biomedizinischen werden an der Universität Ulm insbesondere elektromagnetische und optoelektronische Materialien beforscht. Der Chemie fällt in diesem Zusammenhang der synthetische Part zu. Katalytische Prozesse für die Gewinnung „maßgeschneiderter", das heißt auf bestimmte Funktionen und Leistungsparameter zugeschnittener Materialien oder das gezielte, eigenschaftswirksame Design von Oberflächen stehen in einem Brennpunkt des Interesses. Es braucht nicht eigens betont zu werden, daß die Anknüpfungspunkte, die sich dabei von der Grundlagenforschung zur technologischen Praxis ergeben, vielfältig sind. Auf einen solchen Praxisbezug kann gleichermaßen ein anderer traditioneller Schwerpunkt der Ulmer Chemie, die analytische und Umweltchemie, verweisen. Für diesen Zweig der chemischen

Ulm, Science Park Oberer Eselsberg, D2-Sendeturm der Mannesmann Mobilfunk GmbH.

Wissenschaft

Universität Ulm, Abteilung Innere Medizin II; herzdiagnostisches Labor (nichtinvasive Diagnostik).

Wissenschaften gehen von Ulm seit Jahren maßgebliche Impulse aus. Intime Kenntnis chemischer Stoffe, vorrangig komplexer umweltbelastender Xenobiotika, ihrer Eigenschaften, Kreisläufe, Verteilungsmuster, Stabilitäts- und Zerfallscharakteristika, verbindet sich mit der Anwendung und Weiterentwicklung höchstempfindlicher qualitativer und quantitativer Nachweismethoden.

Design mathematisch

Daß die Materialwissenschaften ein Wissensgebiet darstellen, bei dem man die Interdisziplinarität nicht ausdrücklich anmahnen und beschwören muß, ist naheliegend und zeigt sich in Ulm darin, daß sie in mehrere Fächer nicht nur am Rande, sondern bestimmend hineinspielen. Das gilt nicht zuletzt für die Physik. Hier hat ja der schon erwähnte Sonderforschungsbereich 239 - Molekulare und kolloide Organisation von Oligomeren und Polymeren einen wichtigen Teil seiner Basis. Makromoleküle, Polymere, bilden zusammen mit der Biophysik eine der bestimmenden Forschungskomponenten im Fach Physik. Da Polymere aber in zunehmendem Maße in elektronischen Bauelementen eingesetzt werden, ergibt sich eine wachsende Zusammenarbeit zwischen der sogenannten Softmatter-Physik mit der Physik der harten kondensierten Materie, das heißt der Halbleiter und dünnen Filme. Einen dritten wichtigen Aspekt des Themenpanoramas bilden die sogenannten Komplexen Systeme, die Quantensysteme, das Licht in der Wechselwirkung seiner Eigenschaften als Wellen- und Quantenphänomen, und mesoskopische Strukturen. Mesoskopische Physik geht elektronischen Quanteneigenschaften nach, die für die Nanotechnik Bedeutung haben, etwa für die Rastersondenmikroskopie, die Nanostrukturierung von Oberflächen, die Epitaxie (das Aufwachsen dünnster, zum Teil nur aus wenigen Atomlagen bestehender Filme) usw.

Werden wir als Laien hier an die Grenzen unserer Vorstellungskraft oder schon darüber hinausgeführt, ist das bei der Mathematik unter Umständen nicht anders. Mathematik, wir wissen es mehr oder minder alle, kann sehr abstrakt sein, eine Art höheren Glasperlenspiels, das bisweilen Lichtjahre abseits von jeder praktischen Relevanz zu liegen scheint. Mathematik kann aber auch außerordentlich konkret werden. Die Mathematisierung insbesondere der Natur- und technischen Wissenschaften und kaum weniger der Wirtschaftswissenschaften hat einen hohen Grad erreicht. Wenn die Ulmer Mathematik als Schwerpunkte Analysis, Stochastik und Optimierung benennt, dann macht sie zugleich deutlich, daß den Anwendungsaspekten hier nicht nur eine marginale Rolle zufällt. Für die Industriemathematik, für die Theorie des Wirtschaftswachstums oder für die Computersimulation haben die auf Differentialgleichungen beruhenden Algorithmen der Analysis keine geringere Bedeutung als für wissenschaftliche Fragestellungen, die mit Hilfe mathematischer Modelle bearbeitet werden. Stochastik und Optimierung werden beispielsweise auf dem Gebiet der statistischen Qualitätskontrolle oder der Kommunikationssysteme anwendungsrelevant. Nicht zuletzt spielen sie auch in den Komplex Aktuarwissenschaften/Finanzwirtschaft hinein, der sich aus der Ulmer wirtschaftsmathematischen Kompetenz und dem hier seit 1977/78 angebotenen, sehr erfolgreichen Studiengang Wirtschaftsmathematik entwickelt hat. Der Aktuar als Schlüsselfigur des Finanzdesigns nicht nur im Versicherungswesen, sondern in der gesamten Finanzdienstleistungsbranche und darüber hinaus als Fachmann für das mathematisierte Risikomanagement gewinnt zunehmend an Bedeutung. Die wirtschaftliche Komponente in diesem sehr aktiven Ulmer Wissenschaftszweig der Wirtschaftsmathematik und der - künftig auch durch einen wirtschaftswissenschaftlichen Vollstudiengang aufgewerteten - Wirtschaftswissenschaften setzt unter anderem Akzente in der Umwelt- und Gesundheitsökonomie, womit eine Ulmer Spezialität, wenn nicht Singularität angesprochen ist.

Als Wissenschaftsdisziplin, die vor dem Hintergrund der generalisierenden Bedeutung der Informations- und Kommunikationstechnologie in den anderen Wissenschaftssparten sozusagen wenigstens eine „Niederlassung", nicht selten sogar stattliche „Außenstellen" hat, ist die Informatik ein Querschnittsfach erster Ordnung. Daraus ergeben sich ständige Verbindungen in die wissenschaftlichen „Nachbarländer", wie zum Beispiel im Fall der intelligenten mobilen Systeme, die den erwähnten Sonderforschungsbereich 527 - Integration symbolischer und subsymbolischer

Universität Ulm, Abt. Biologie I; Fütterung eines Nordamerikanischen Fleckenfalters (Untersuchungen zur Biochemie der Farbmusterbildung im Schmetterlingsflügel).

Informationsverarbeitung in adaptiven sensomotorischen Systemen beschäftigen. Von der Fakultät für Informatik werden dabei die Arbeiten aller Beteiligten koordiniert. Über den SFB hinaus stehen weitere Themen auf der Forschungsagenda. „Sichere Systeme", „Betriebliche Informationssysteme", „Internet und Telematik" sowie „Grenzen der Berechenbarkeit und Komplexitätstheorie" beschreiben ein weites Spektrum, das sowohl grundlagen- als auch anwendungsorientierte Elemente enthält. Gemäß ihrem Querschnittscharakter hat die Software-Technik an all diesen thematischen Segmenten unmittelbaren Anteil, verkörpert in Ulm darüber hinaus aber zugleich ein eigenständiges Forschungsfeld.

Entwicklungspotential

Mit der Kommunikationstechnologie, die nach einhelliger Expertenmeinung noch ein enormes Entwicklungspotential hat, ist nun vor allem aber ein Kernbereich der Fakultät für Ingenieurwissenschaften angesprochen. Moderne Kommunikationstechnik bedeutet zunächst einmal Mikroelektronik. Immer leistungsfähigere, immer kleinere elektronische Bauelemente, und auf der anderen Seite immer ausgefeiltere Übertragungstechniken steigern die Datentransferraten zusehends und sprunghaft und stellen zum Beispiel die multimediale Kommunikation als mobile und jedermann zu Gebote stehende Alltagsmöglichkeit - Stichwort Multimedia-Display - in Aussicht. Dank der Kompetenz ihrer Wissenschaftler, dank aber auch hochmoderner Ausstattung insbesondere in Gestalt eines Mikroelektronik-Technikums, eines dem aktuellen Stand der Technik entsprechenden Reinstraumes, der im Zuge ihres Ausbaus im Kontext des Forschungszentrums Wissenschaftsstadt entstanden ist, genießt die Universität Ulm in diesen Sparten hohes internationales Ansehen. Davon zeugen etwa die oberflächenemittierenden Laserdioden, die hier konzipiert worden sind und in ihrer Leistungsfähigkeit weiter ausgebaut werden; mit diesen Vertikalemittern wurde ein neues Kapitel in der faseroptischen Verbindungstechnik aufgeschlagen. Davon zeugen ebenso grundlegende Arbeiten zu einer neuen Halbleitertechnik auf der Basis von Diamant und Silizium/Germanium. Komplementär dazu werden integrierte Schaltungen und planare Hochfrequenzschaltungen und -systeme beforscht, die drahtlose Nachrichtentechnik weiterentwickelt, Systemarchitekturen entworfen. Industrielle Robotik, Entscheidungsunterstützungssysteme für die Medizin, der serielle Hybridantrieb für Kraftfahrzeuge und natürlich nicht zu vergessen die Entwicklung von

Universität Ulm, Abteilung Organische Chemie III; Drehbandkolonne zur fraktionierten Destillation von Monomeren.

Hochleistungswerkstoffen der Mikroelektronik, Mikrosystemtechnik und Sensorik bereichern das Bild und sind Bestandteile eines Forschungsprofils, das sich anhand der ausgewählten Beispiele nur unvollkommen nachzeichnen läßt.

Das Kaleidoskop wissenschaftlicher Kompetenzen, das freilich nicht nur eine zufällige Vielfarbigkeit repräsentiert, sondern im Sinne der interdisziplinären Wechselbeziehungen immer wieder auch Querverbindungen zwischen den einzelnen Fächern und Schwerpunkten erkennen läßt, wird von der Medizin komplettiert. Gerade war von ihr im Kontext der Forschungen in der ingenieurwissenschaftlichen Fakultät schon die Rede. Dort wird an Entscheidungsunterstützungssystemen für diagnostische und therapeutische Konzepte der Medizin gearbeitet, und zwar in Gestalt von mathematischen Modellen, mit deren Hilfe Aussagen über Entwicklung und Differenzierung von Blutstammzellen ermöglicht werden. Mittels solcher Modelle lassen sich zum Beispiel Diagnostik und Therapie nach Strahlenexposition optimieren. Angesprochen wurde die Medizin

Wissenschaft

Universität Ulm, Kunstpfad; Johannes Pfeiffer: Raum zur Meditation.

auch schon mit ihrem Sonderforschungsbereich 518 - Entzündung, Regeneration und Transformation im Pankreas, dem sich ein weiterer SFB an die Seite stellt, er titelt mit „Läsion und Reparation am kardiovaskulären System". Die Mehrzahl kardiovaskulärer Erkrankungen entsteht durch Läsionen in der Gefäßwand. Demgemäß ergeben sich für den SFB Fragen nach den Zusammenhängen zwischen Läsionen, Entzündungen und Arteriosklerose-auslösenden Prozessen und komplementär dazu nach den physiologischen Reparatur-"Strategien", unter besonderer Berücksichtigung der molekularen Mechanismen, die den Gewebsveränderungen zugrunde liegen.

Modellzentrum

Wenn über die Medizin in Ulm gesprochen wird, kann ihr Interdisziplinäres Zentrum für klinische Forschung (IZKF) nicht unerwähnt bleiben. Es stellt eine von acht vergleichbaren Einrichtungen in Deutschland dar, die insbesondere vom Bundesministerium für Bildung, Wissenschaft, Forschung und Technologie (BMBF) gefördert werden. Ulm gehört nach den Worten des baden-württembergischen Wissenschaftsministers Klaus von Trotha zur „Elite der acht Modellzentren". Unter dem Sammeltitel „Molekulare Pathomechanismen entzündlicher, degenerativer und maligner Erkrankungen: Ansätze einer verbesserten Krankheitserkennung und -behandlung" wird am IZKF eine Reihe von Projekten bearbeitet, die in die drei Schwerpunkte „Chronische Entzündung und Immunantwort", „Erkrankungen des Bewegungsapparates", „Blut- und Tumorerkrankungen" untergliedert sind. Schon im Titel zeichnet sich wiederum die Bedeutung ab, die der molekularen Ebene und den auf ihr wirksamen Mechanismen für die Aufklärung biologischer, in diesem Fall pathologischer Prozesse zukommt und die deshalb einen außerordentlich wichtigen, ja elementaren Spektralbereich in den Forschungsansätzen ausmacht. Der Schwerpunkt „Blut- und Tumorerkrankungen" verweist im übrigen auf eine langjährige Ulmer Forschungstradition. Tradition haben in Ulm längst

Universalhärteprüfgerät Magelan.

Wissenschaft

Universität Ulm, Kunstpfad; Hans Michael Kissel: Lebensbaum.

auch die umfangreichen und vielbeachteten Arbeiten zur Biomechanik und Knochenheilung einschließlich der damit eng verbundenen Materialforschung. Die gleichfalls BMBF-geförderte Einrichtung eines Kompetenzzentrums für Biomaterialien im Knochenkontakt zeugt von deren hohem internationalem Renommee.

Wie zwei Seiten einer Medaille sind Forschung und Lehre in ihrem Neben- und Miteinander - was soviel bedeutet wie: in ihren Wechselbeziehungen - konstitutiv für die Universität als Wissen erzeugende und akademisch bildende Veranstaltung. Mit großer Sorgfalt werden also nicht nur die Forschungsthemen bearbeitet, sondern auch eine qualifizierte Ausbildung der Studenten sichergestellt. An diesem Punkt der nicht nur idealiter wünschbaren, sondern praktisch sinnvollen und deshalb zuverlässig zu gewährleistenden Reziprozität von Lehre und Forschung bleibt die Humboldtsche Idee der Universität aktuell.

Wenn nun die bewußte und womöglich gezielte Öffnung der Wissenschaft für wirtschaftliche und technische Probleme, wie in der Wissenschaftsstadt auf dem Oberen Eselsberg in Ulm, zugleich die Ausbildung unterstützt, mag hierin ein Indiz dafür zu sehen sein, daß die Anerkenntnis einer wirtschaftlichen Verantwortung der Wissenschaft grundständige Elemente des traditionellen Universitätsideals nicht pauschal in Frage stellt. In der Tat bringt der Kontext der Forschungseinrichtungen im Umkreis der Universität auch Vorteile für die Studenten mit sich, die hier nicht nur Kontakte zu ihrer künftigen Arbeitswelt knüpfen, sondern in gemeinsamen Forschungsprojekten deren Fragestellungen und Anforderungen kennenlernen können.

Sorgfältige Ausbildung

Die Förderung der Studierenden und des wissenschaftlichen Nachwuchses hat naturgemäß viele Aspekte, worunter die Möglichkeit, Auslandssemester in die Studienzeit einzubauen, nicht der unwichtigste ist. Etwa 100 Vereinbarungen mit Partneruniversitäten rund um den Globus ermöglichen den Ulmer Studierenden aller Fachrichtungen die Durchführung von Auslandsaufenthalten ohne administrative Probleme. Auch können Abschlußarbeiten im Ausland angefertigt und ausländische Abschlüsse erworben werden, so zum Beispiel an amerikanischen Universitäten der Master's Degree von den Studenten der Wirtschaftsmathematik. Förderung insbesondere des wissenschaftlichen Nachwuchses ist das Anliegen der Graduiertenkollegs. In Ulm werden drei Kollegs geführt: „Biomolekulare Medizin", „Molekulare Organisation und Dynamik an Grenz- und Oberflächen" sowie „Diagnostische und therapeutische Konzepte in der molekularen Medizin". Doch vor dem allen, vor der qualifizierten Mitarbeit an Forschungsprojekten, vor dem Graduiertenkolleg und auch vor dem Auslandssemester steht das grundlegende Studium. Ihm muß auf seiten der Lernenden wie der Lehrenden besondere Aufmerksamkeit und Sorgfalt gelten. Die Universität Ulm hat immer darauf geachtet, und sie tut es nach wie vor, daß die Curricula die wissenschaftlichen Entwicklungen aufnehmen und soweit möglich auch dem Arbeitsmarkt Rechnung tragen.

Von der Wirtschaftsmathematik als einem in Ulm kreierten und seither sehr erfolgreichen neuen Studienfach war schon ausführlicher die Rede. In dieser Tradition sind nun weitere Ulmer Studiengangsneuentwicklungen zu sehen. Communications Technology gehört dazu, ein englischsprachiger internationaler Graduiertenstudiengang (mit einem obligatorischen Auslandssemester für deutsche Studierende) und das Novum Wirtschaftsphysik mit seinem nachfolgenden Pendant der Wirtschaftschemie. Den beiden Naturwissenschaften werden hier die Wirtschaftswissenschaften beigeordnet. Die Zielvorstellung des Curriculums ist der Physiker bzw. der Chemiker, der als Mann/Frau der Praxis heute mehr denn je in der Lage sein muß, auch in wirtschaftlichen Kategorien zu denken und seiner naturwissenschaftlichen Kompetenz eine ausreichend entwickelte betriebswirtschaftliche an die Seite zu stellen. Ausdruck dieser Durchdringung sonst eher isoliert betrachteter und betriebener Wissenschaftssparten ist im übrigen ebenso der Studiengang Diplom-Wirtschaftswissenschaften, den die Universität Ulm zum Wintersemester 1999/2000 eröffnen kann. Er wird die klassischen wirtschaftswissenschaftlichen Disziplinen Volkswirtschaftslehre und Betriebswirtschaftslehre mit Schwerpunkten in der Informatik, Statistik und Mathematik verknüpfen und so die in der Verbindung von Mathematik und Wirtschaftswissenschaften traditionell ausgeprägte Ulmer Kompetenz unterstreichen. ■

Universität Ulm, Bereich Chemie, Fluorierungsanlage.

FRITZ & MACZIOL

Fritz & Macziol
Software und Computervertrieb GmbH

Schwesterunternehmen Infoma Software
Consulting GmbH
Spezialist für kommunale
Software-Lösungen

Geschäftsführer:
Heribert Fritz
Eberhard Macziol

Gründungsjahr:
1987

Geschäftstätigkeit:
Anbieter von DV-Komplettlösungen, die sowohl die Hard- und Software als auch den Bereich Dienstleistung umfassen

Mitarbeiter:
46

Umsatz:
18 Mio. DM (Geschäftsjahr 97/98)

Kundenstruktur:
250 Unternehmen aus Handel, Industrie, Dienstleistung, 170 Kommunen

Partner von:
IBM, Lotus, Navision, Microsoft

Anschrift:
Hörvelsinger Weg 17
89081 Ulm
Telefon (0731) 15 51-0
Telefax (0731) 15 51 555
Internet: Http://www.fritz-und-macziol.de
e-mail: info@fritz-und-macziol.de

Unternehmensportrait

Erfolg mit konsequentem Dienstleistungskonzept

Fritz & Macziol Software und Computervertrieb besteht seit elf Jahren, mittlerweile 46 Mitarbeiter sichern das kontinuierliche Wachstum

Das 1987 von Heribert Fritz und den Brüdern Eberhard und Volker Macziol gegründete Unternehmen für Computer-Systemlösungen Fritz & Macziol verfügt heute über zwei Standbeine. Auf der einen Seite ermöglicht die Handelsschiene „F&M direkt" die rasche und preisgünstige Bereitstellung von Hardware und Standardsoftware. Auf der anderen Seite steht der Bereich Software und Services. Hier erhält der Kunde spezifische DV-Komplettlösungen unter konsequenter Verwendung marktweiter und bewährter Standards, von der Entwicklung über die Realisierung bis zur Schulung. Dabei setzt Fritz & Macziol auf namhafte Partner wie IBM, Lotus, Navision und Microsoft.

Das Firmengebäude in Ulm.

Die Prämisse für alle Aktivitäten war von Anfang an eindeutig festgelegt: guten und standardisierten Hardware- und Softwarekomponenten eine ebenso gute und transparente Dienstleistung zur Seite zu stellen. Konsequent ließ Heribert Fritz daher noch im Gründungsjahr den Begriff „Dienstware" schützen.

Unter diesem Markenzeichen entwickelten die Ulmer exakte Beschreibungen für komplette Dienstleistungspakete. Sie bieten den Kunden zu fixen Preisen Verfügbarkeit, Sicherheit, Skalierbarkeit und Erweiterung der jeweiligen DV-Systeme. Mit der Dienstware-Lösung werden Unternehmen in die Lage versetzt, ihre Leistung den ständig wachsenden Erfordernissen anzupassen. Das heißt, die externe Dienstleistung sichert den Erfolg und damit auch langfristig den Ertrag sowie die Arbeitsplätze des Kundenunternehmens.

Daß das Dienstleistungskonzept im Markt akzeptiert wird, beweist die positive Entwicklung des Unternehmens deutlich. Ein großer Teil daran kommt den hochqualifizierten, engagierten Mitarbeitern zu; je ein Drittel Diplom-Informatiker, Betriebswirte und Ingenieure. Sie sichern den hohen Standard durch permanente Erweiterung ihres Know-hows sowie ein enormes Maß an Innovationsfähigkeit. So festigte vor allem die Kompetenz des Teams bei Netzwerklösungen mit Einbeziehung von Internet und Intranet beziehungsweise beim aktuellen Thema Network Centered Computing den aktuellen Unternehmenserfolg.

Synergieeffekte

Zum Kundenkreis gehören mehr als 250 Organisationen aus Handel, Industrie und Dienstleistung. Hinzu kommen rund 170 Kommunen, die von Infoma betreut werden. Die zeitgleich mit Fritz & Macziol gegründete Schwestergesellschaft ist auf kommunale Softwarelösungen spezialisiert und weist mittlerweile eine deutschlandweite Akzeptanz auf.

Zum Vorteil der Anwender nutzen beide Unternehmen entstehende Synergieeffekte. Beispielsweise entstanden so zwei sich ähnelnde, jedoch in der Fokussierung unterschiedliche Finanz-Software-Tools für das zentrale Controlling in der Industrie beziehungsweise für kommunale Verwaltungen.

Unternehmensportrait

Anspruchsvolle High-Tech-Kunden setzen auf Qualität made by „CAD-UL"

Umfangreiches Know-how und ein durchgängiges Qualitätsmanagement schaffen Vertrauen und auch international einen guten Ruf

CAD-UL
Computer Aided Design Ulm GmbH
Bereich Elektronik-Dienstleistungen

Geschäftsführer:
Reinhard Hertig
Peter Horn
Martin A. Hermann

Gründungsjahr:
1984

Mitarbeiter:
65

Tochtergesellschaften:
CAD-UL, Inc.
Scottsdale, USA
CAD-UL, Ltd.
Chepstow, UK

Weitere Geschäftsbereiche:
EDA-System „Ariadne"
(Professionelles Komplettpaket für die Entwicklung von Leiterplatten)
CAD-UL Embedded Tools
(High Performance Werkzeuge für die „Embedded-Systems"-Entwicklung)

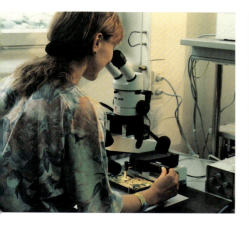

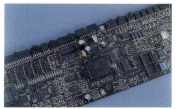

CAD-UL ist seit vielen Jahren mit Dienstleistungen rund um die Leiterplatte ein wichtiger Partner der Elektronik-Industrie. Aus dem Kernangebot – Leiterplattenentflechtung und Photoplot-Service – entstand ein umfangreiches Leistungspaket: Heute befinden sich in dem kürzlich bezogenen Domizil in Ulm-Einsingen die modern ausgestatteten Bereiche Elektronik-Entwicklung, -Konstruktion und -Fertigung unter einem Dach mit zwei weiteren Standbeinen:
– Im Bereich *EDA-System Ariadne* dreht sich alles um ein professionelles Softwarepaket für die Entwicklung von Leiterplatten.
– Die *CAD-UL Embedded Tools* – High Performance Werkzeuge für die „Embedded-Systems"-Entwicklung – erobern weltweit eine Spitzenposition.

Der Bereich Elektronik-Dienstleistungen umfaßt
- **Kundenspezifische Entwicklung von Baugruppen und Systemen für Anwendungen der Meß-, Steuer- und Regeltechnik vom Konzept bis zur Serienreife**
- Komplettservice für die Produktentwicklung vom Pflichtenheft über das Produktkonzept bis zur Dokumentation, einschließlich Organisation und Betreuung von Zulassungsverfahren
- Funktionsprüfung einschließlich Entwurf und Aufbau spezifischer Prüftechnik

- **CAE-/CAD-/CAM-Service:**
– Stromlaufplan-Entwicklung
– Erstellung von Leiterplatten Layouts in allen Techniken von der einfachen bis zur x-fachen Mehrlagenschaltung
– Erstellung kundenspezifischer Bibliotheken
- **Leiterplatten-Service für Prototypen und Serien**
- **Baugruppenfertigung**
– Prototypen- und Musterbau, Serienfertigung
– Konventionelle und SMD-Bestückung (auch Fine-Pitch und BGA)
– Verdrahtungen und Baugruppenmontage
– Beschaffung aller Bauteile
– Sicht- und Funktionskontrollen/In-Circuit-Test.

Die hochspezialisierten Mitarbeiter bei CAD-UL realisieren auf modernen CAD-Arbeitsplätzen pro Jahr ca. 400 Kunden-Layouts. In der Fertigung werden mehrere Bestückungsanlagen, prozeßgesteuerte Lötanlagen und aktuellste Prüftechnik eingesetzt. Seit 1995 ist das Unternehmen nach DIN EN ISO 9001 zertifiziert, womit CAD-UL schon früh den Anforderungen der vielen anspruchsvollen Kunden aus den unterschiedlichsten Gebieten der High-Tech-Industrie gerecht wurde.

Anschrift:
Lämmerweg 32
89079 Ulm-Einsingen
Postfach 1280
89002 Ulm
Tel. (07305) 959-300
Fax (07305) 959-333
service@cadul.com
www.cadul.com

Handwerk – wichtiger Dienstleister für die Bürger und die Wirtschaft

56 Betriebe im Bau- und Ausbaugewerbe bilden Lehrlinge aus.

Hermann Stangier

Der Autor wurde 1945 geboren. Er studierte Rechtswissenschaften in München und trat 1975 als Justitiar in die Dienste bei der Handwerkskammer Ulm ein. Bevor er zu Beginn des Jahres 1995 die Hauptgeschäftsführung bei der Handwerkskammer Ulm übernahm, war er in der Wirtschaftsberatung, als persönlicher Referent sowie als Personalleiter und Geschäftsführer tätig.

Die Stadt Ulm hat sich in den vergangenen Jahren zu einem hochqualifizierten Industrie-, Dienstleistungs- und Wissenschaftsstandort entwickelt. Die ehemals freie Reichsstadt Ulm ist heute ein moderner Wirtschaftsstandort und Knotenpunkt für rund zwei Millionen Menschen. Die Wirtschaftskraft der Ulmer Region basiert dabei auf einer ausgeprägten mittelständischen Struktur, gekennzeichnet von einem harmonischen Miteinander von Großindustrie, gewerblichem Mittelstand und Wissenschaft.

Ein wesentlicher Teil des wirtschaftlichen Erfolges in der Stadt Ulm wird von einem innovativen Mittelstand und dabei insbesondere vom Handwerk erarbeitet. Ein hochqualifiziertes Handwerk mit seiner Dynamik und Innovationskraft ist einer der Leistungsträger dieser Region.

Das Handwerk wirkt stabilisierend auf den Konjunkturverlauf, ist wegen seiner kleinteiligen Struktur als Arbeitgeber von großer Bedeutung und sichert als Dienstleister die Versorgung der Bevölkerung und die Funktionsfähigkeit der Wirtschaft. Das Handwerk garantiert den Ulmern eine kundennahe und flexible Versorgung. Es bietet sichere und humane Dauerarbeitsplätze sowie Ausbildungsplätze und fördert damit die wirtschaftliche und soziale Stabilität der Stadt Ulm.

Die Beziehungen zwischen der Stadt Ulm und dem Handwerk sind von einer sehr intensiven, kooperativen Zusammenarbeit geprägt. Die Stadt Ulm ist einerseits wichtiger Auftraggeber für die Handwerksunternehmen und bestimmt andererseits durch ihre Maßnahmen und Entscheidungen

Kfz-Mechaniker – bei den Jungen einer der gefragtesten Berufe.

Handwerk

zu einem wesentlichen Teil die Voraussetzungen für den Lebensraum und die Rahmenbedingungen der Handwerksbetriebe. Die Betriebe wiederum tragen mit ihrer Leistungsfähigkeit zur Wirtschafts- und Steuerkraft der Stadt Ulm bei. Unbestritten ist das Handwerk in der Stadt Ulm bewährter Partner der Industrie im Bereich des Zulieferwesens und der Dienstleistung, Partner des Handels und der Verbraucher in Wartung und Reparatur, aber auch Partner der wissenschaftlichen Institute der Universität.

Die im Jahre 1997 in der Handwerksrolle der Handwerkskammer Ulm für die Stadt Ulm geführten 923 Handwerksbetriebe treten in 94 Handwerksberufen auf, die eine breite Angebotspalette an Dienst- und Werkleistungen aufweisen.

Auffallend ist dabei die hohe Affinität des Metallgewerbes zur in der Stadtregion Ulm ansässigen Industrie, im Vergleich zu anderen Wirtschaftsräumen.

Berufsgruppe	1980	1985	1990	1995
Bau- und Ausbaugewerbe	165	154	155	162
Elektro- und Metallgewerbe	319	328	330	356
Holzgewerbe	59	57	60	52
Bekleidungs-, Textil- und Ledergewerbe	120	96	84	67
Nahrungsmittelgewerbe	100	98	87	84
Gewerbe für Gesundheit und Körperpflege sowie chemische und Reinigungsgewerbe	128	137	150	169
Glas, Papier, keramische und sonstige Gewerbe	43	41	42	38
insgesamt	934	911	908	928

Die Handwerkszählung 1995 ermittelte 10 177 Beschäftigte, die zusammen einen Umsatz von 1 477 370 DM erwirtschafteten.

Wie die Auswertungen der Handwerksrolle der Handwerkskammer Ulm und der Handwerkszählung 1995 zeigen, ist die Gruppe der Elektro- und Metallgewerbe von der Größe her die bedeutendste der sieben Gewerbegruppen des Handwerks. Zu diesem Bereich zählten Ende März 1995 auf Bundesebene rund 38 Prozent der Unternehmen mit 34 Prozent der Beschäftigten sowie 48 Prozent des Umsatzes. In der Stadt Ulm gehörten der Gruppe der Elektro- und Metallgewerbe 36 Prozent der Unternehmen und 32 Prozent der Beschäftigten und 41 Prozent des Umsatzes. Zum Bau- und Ausbaugewerbe, der zweitgrößten Gruppe, gehörten in der Stadt Ulm rund 17 Prozent (BRD: 23 Prozent) der Unternehmen mit 24 Prozent (BRD: 29 Prozent) der Beschäftigten und 32 Prozent (BRD: 27 Prozent) des Umsatzes.

Auf die Gruppe für Gesundheit und Körperpflege sowie der chemischen und Reinigungsgewerbe entfielen 20 Prozent (BRD: 14 Prozent) der Unternehmen und 19 Prozent (BRD: 19 Prozent) der Beschäftigten, aber nur 7 Prozent (BRD: 5 Prozent) des Umsatzes. 8 Prozent (BRD: 9 Prozent) der Unternehmen mit 13 Prozent (BRD: 10 Prozent) aller Beschäftigten und 9 Prozent (BRD: 9 Prozent) des Umsatzes waren der Gruppe des Nahrungsmittelgewerbes zuzurechnen. Die restlichen Unternehmen entfielen auf die Gruppe des Holzgewerbes, die Gruppe der Bekleidungs-, Textil- und Ledergewerbe sowie auf die Gruppe der Glas-, Papier-, keramischen und sonstigen Gewerbe. Letztere war gemessen an der Zahl der Beschäftigten und am Umsatz die kleinste der sieben Gewerbegruppen in der Stadt Ulm. Trotz der Vielfalt der 94 Berufe gibt es auch im Handwerk in der Stadt Ulm eine deutliche Konzentration auf bestimmte Gewerbe. So stellten die zehn Gewerbegruppen mit den meisten Unternehmen rund 60 Prozent aller Handwerksunternehmen. Das Friseurgewerbe ist dabei mit 90 Betrieben, gefolgt vom Holzgewerbe mit 48 Betrieben und dem Elektroinstallateur-

Handwerkliches und künstlerisches Geschick erfordert die Tätigkeit des Stukkateurs.

Handwerk

gewerbe mit 46 Betrieben, der Spitzenreiter. Wie im gesamten Kammerbezirk Ulm, so legt auch das Handwerk in der Stadt Ulm ein besonderes Gewicht auf die Ausbildung. Eine Übersicht über die Verteilung der Lehrstellen auf die einzelnen Handwerkszweige sowie die Aufführung der Lehrbetriebe (Stand: 01.09.1998) verdeutlichen dies:
Die Stadt Ulm und ihr Handwerk stehen in guter und enger Beziehung. Die Stadt Ulm und ihr Handwerk leben von Flexibilität, Anpassungsfähigkeit und Leistungswillen und dies seit Jahren mit Erfolg. Darauf sind die Stadt Ulm und das Handwerk der Stadt Ulm mit Recht stolz. Auf hohem Niveau und mit bester Qualifikation, aus der Tradition gewachsen, ist das Handwerk in der Stadt Ulm innovativ, dynamisch und modern - mit einem Wort: Handwerk ist Tradition und Fortschritt zugleich. Hier gibt es Roboter, Computer und modernste Technologien; gleichwohl bleibt jedoch der Mensch im Mittelpunkt des handwerklichen Wirtschaftens.

Als „menschlich und modern" charakterisiert sich die Stadt Ulm. Für das Handwerk gilt dieser

Über 200 Jugendliche erlernen einen Beruf im Gewerbe für Gesundheit und Körperpflege sowie für chemische und Reinigungsgewerbe.

	Lehrlinge		Ausbildungsbetriebe	
	Anzahl	Prozent	Anzahl	Prozent
Bau- und Ausbaugewerbe	132	13,3	56	14,9
Elektro- und Metallgewerbe	341	34,2	117	31,2
Holzgewerbe	44	4,4	21	5,6
Bekleidungs-, Textil- und Ledergewerbe	19	1,9	12	3,2
Nahrungsmittelgewerbe	70	7,0	32	8,5
Gewerbe für Gesundheit und Körperpflege sowie chemische und Reinigungsgewerbe	201	20,2	78	20,8
Glas-, Papier-, keramische und sonstige Gewerbe	8	0,8	4	1,1
kaufm. Berufe	129	13,0	52	13,9
sonstige Berufe	52	5,2	3	0,8
insgesamt:	996	100	375	100

Diese Zahlen beweisen den wirtschafts- und insbesondere arbeitsmarktstabilisierenden Charakter des Handwerks.

Slogan gleichermaßen. Und so schreitet das Handwerk in der Stadt Ulm mit Tatkraft, Mut und Zuversicht in die Zukunft, denn
wer Erfolg in seinem Leben haben will, macht
- die Erfahrung zu seiner Lehrerin,
- die Beharrlichkeit zu seiner Schwester,
- die Besonnenheit zu seiner Wächterin und
- die Kreativität zu seiner Geliebten.

Die Stadt Ulm und ihr Handwerk leben in einer Symbiose, die nicht künstlich geschaffen wurde, sondern organisch gewachsen ist und in deren Mittelpunkt der wirtschaftende Mensch im Handwerksbetrieb steht. Das Handwerk und die Stadt Ulm stehen damit auf einem kräftigen Fundament, das gut trägt. Die Zukunft beginnt heute und sie wird vom Handwerk mitgestaltet. ■

Moderne Heizungsanlagen erfordern ständige Qualifizierung.

Im Bekleidungs-, Textil- und Ledergewerbe bilden 12 Betriebe aus.

Unternehmensportrait

Geschenkartikel aus Ulm gehen in alle Welt

Alles aus einer Hand – nach diesem Motto verfährt die Dr. Merkle GmbH im Bereich Geschenkartikel

Dr. Merkle GmbH

Geschäftsleitung:
Hans Binder, Geschäftsführer

Mitarbeiter:
40

Geschäftstätigkeit:
· Herstellung und Vertrieb von exklusiven Geschenkartikeln im Bereich Porzellan, Zinn, Kristall, Keramik und deren Verbindungen
· Sonderanfertigungen nach Kundenwunsch
· Werbeartikel/-geschenke
· Lizenzartikel (Tassen, Krüge, Teller)

Kunden:
weltweit

Anschrift:
Boschstraße 36
89079 Ulm
Telefon (0731) 94 69 90
Telefax (0731) 9 46 99 29

Vor über 20 Jahren aus einem Sammelhobby entstanden, mauserte sich die Fa. Dr. Merkle inzwischen zu einem bedeutenden Hersteller und Großhändler von Geschenk- und Souvenirartikeln. Über 3.000 verschiedene Artikel im Bereich exklusiver Geschenke aus Porzellan, Zinn, Keramik und Kristall bietet der kleine schwäbische Betrieb mittlerweile an – repräsentativ dargestellt im fast 100seitigen Gesamtkatalog. Den Hauptanteil des Sortiments bilden mit Reinzinndeckeln versehene Bierkrüge, die mitunter auch nach Übersee geliefert werden. Kunden aus Nord- und Südamerika sowie Ostasien und den Golfstaaten ordern inzwischen in Ulm.

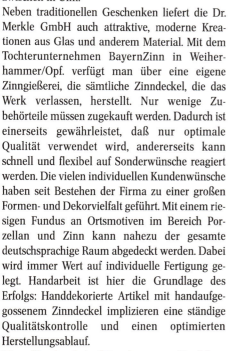

Eines von vielen Prunkstücken: das Trinkset „Eichenlaub".

Neben traditionellen Geschenken liefert die Dr. Merkle GmbH auch attraktive, moderne Kreationen aus Glas und anderem Material. Mit dem Tochterunternehmen BayernZinn in Weiherhammer/Opf. verfügt man über eine eigene Zinngießerei, die sämtliche Zinndeckel, die das Werk verlassen, herstellt. Nur wenige Zubehörteile müssen zugekauft werden. Dadurch ist einerseits gewährleistet, daß nur optimale Qualität verwendet wird, andererseits kann schnell und flexibel auf Sonderwünsche reagiert werden. Die vielen individuellen Kundenwünsche haben seit Bestehen der Firma zu einer großen Formen- und Dekorvielfalt geführt. Mit einem riesigen Fundus an Ortsmotiven im Bereich Porzellan und Zinn kann nahezu der gesamte deutschsprachige Raum abgedeckt werden. Dabei wird immer Wert auf individuelle Fertigung gelegt. Handarbeit ist hier die Grundlage des Erfolgs: Handdekorierte Artikel mit handaufgegossenem Zinndeckel implizieren eine ständige Qualitätskontrolle und einen optimierten Herstellungsablauf.

Diese Handwerkstradition kann nur überleben, wenn sie sich weiterentwickelt. Die regelmäßig exklusiv erscheinenden Neuentwicklungen und Neuheiten stellen dies unter Beweis. Vom 3-beinigen Zinn-/Kristallglas bis zum Jahresseidel mit historischem Dekor wird jeder Bereich mit einbezogen.

Gleichzeitig erschließt sich die Dr. Merkle GmbH neue Märkte: Mit der Übernahme von Lizenzrechten (z. B. SAT. 1, SSV Ulm 1846) stößt man in die zukunftsträchtige Welt des Merchandising vor. Diesen Ansprüchen an Qualität und Quantität kann die Firma durch den Einsatz moderner Fertigungsmethoden gerecht werden. So sind mehrere Keramik-Großbrandöfen sowie ein Durchlaufofen im Einsatz, die jede Losgröße innerhalb kurzer Zeit zulassen; vom Einzelstück über kleine Serien bis hin zu Werbeartikel-Großserien für Handel und Industrie kann jede gewünschte Menge produziert werden, immer nach Kundenvorgabe.

Im modernen Betriebsgebäude im Industriegebiet Donautal befindet sich neben einem Teil der Fertigung auch die Konfektionierung und der gesamte Vertrieb. Ein 100 qm großer Ausstellungsraum ermöglicht es den Kunden aus der Region, direkt auszuwählen und einzukaufen. Durch die Beschickung von nationalen und internationalen Messen wird das Sortiment auch überregional angeboten. Nach der Einbindung in die Firmengruppe Binder steht die Fa. Dr. Merkle GmbH unter einem Dach mit mehreren lieferstarken Partnern. Mit den Marken Dr. Merkle, BayernZinn, Schwaben-Zinn und DM-Pokale bietet die Gruppe die Grundlage für ein komplettes Angebotsprogramm – alles aus einer Hand. ■

*Serie „Herzlichen Glückwunsch",
sechs Geschenkbeispiele mit einem Motiv.*

Handel und Dienstleistungen

Die Ulmer City wird zu einem Modell für die Dienstleistungs- und Einkaufsstadt des 21. Jahrhunderts

Ulm ist der Einkaufsplatz zwischen Stuttgart und München. Das Einzugsgebiet des Ulmer Einzelhandels reicht von der Ostalb bis zum Bodensee und von den Toren Stuttgarts bis nach Augsburg.

Der Eingang des Wöhrl-Plaza in der Fußgängerzone/Hirschstraße mit seinem Jugendstilfries von 1912 (Synthese von Klassik und Moderne).

Die Ulmer City ist eine der attraktivsten Innenstädte Deutschlands. Ihre Unverwechselbarkeit verdankt sie der historischen Bausubstanz und dem traditionell starken Facheinzelhandel. Ein Schwerpunkt liegt in dem außerordentlich vielfältigen Textil- und Schuhmarkt. Das Käuferpotential umfaßt über die Stadtgrenzen hinaus ein weites Umland.

Große Einzelhandels-Häuser und örtliche Händler investieren derzeit über 100 Millionen DM in der Ulmer Innenstadt. Mit der Eröffnung des Wöhrl-Plaza in einem Jugendstil-Gebäude wurde im Herbst 1998 ein erster wichtiger Meilenstein auf dem Weg in das 21. Jahrhundert gesetzt. Das Kaufhaus-Konzept mit dem lichtdurchfluteten Gebäude überzeugt. Auf fünf Verkaufsebenen finden sich namhafte Branchenvertreter von Feinkost-, Parfümerie-, Schuh- und Textilhandel. Kurz vor der Jahrtausendwende wird das zur Kaufhof-Galeria umgebaute Haus Horten eine Angebotsvielfalt bieten, die den Ansprüchen der Kunden im Sinne von modern, trendy und erlebnisorientiert entspricht.

Die Attraktivität der Ulmer Innenstadt wird durch weitere Projekte mittelständischer Fachhändler im Schuh-, Textil-, Sport- und Freizeitbereich und durch Angebote im Unterhaltungs- und Multimediabereich ergänzt. Die Ulmer City wird ein Modell für die Einkaufsstadt des 21. Jahrhunderts.

Die Einkaufsstadt Ulm wird auch durch die periphere Ansiedlung von IKEA zusätzliche Attraktivität gewinnen. IKEA und das in unmittelbarer Nachbarschaft befindliche Blautal-Center ergänzen sich. Das Blautal-Center ist mit rund 35.000 qm eines der größten Einkaufszentren in Baden-Württemberg.

Dienstleistungszentrum

Ulm ist die Verkehrsdrehscheibe Süddeutschlands. Hier kreuzen die europäischen Magistralen A7 (E43) und A8 (E52). Sie verbinden Ulm mit allen wichtigen Zentren Deutschlands und den Nachbarstaaten. Die neue ICE Trasse Stuttgart – Ulm – München wird die Fahrzeiten in die beiden Landeshauptstädte nahezu halbieren. Nach Stuttgart wird der Ulmer nur noch 30 Minuten und nach München nur noch 40 Minuten unterwegs sein. Ulms zentrale Lage gewinnt dadurch weiter an Gewicht und empfiehlt sich damit als idealer Standort für Dienstleister für den gesamten süddeutschen Raum. Das Entwicklungspotential ist groß. Im City-Bereich um den zentralen Ulmer Hauptbahnhof sind attraktive Projekte in Planung. Auf dem ehemaligen Gelände der Post und der Deutschen Bundesbahn stehen Entwicklungsflächen offen. Hier sollen auch

Otto Sälzle

Der Autor wurde 1956 in Ulm geboren und studierte von 1978 bis 1984 Rechtswissenschaften an der Universität Konstanz. Nach mehrjähriger Tätigkeit in der Landesverwaltung besuchte er die Führungsakademie des Landes Baden-Württemberg. Ab 1991 war er in der Staatskanzlei von Baden-Württemberg als Referatsleiter tätig. Seit 1996 ist er Hauptgeschäftsführer der Industrie- und Handelskammer Ulm.

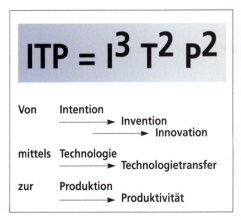

$$ITP = I^3 T^2 P^2$$

Von Intention → Invention → Innovation

mittels Technologie → Technologietransfer

zur Produktion → Produktivität

Graphik ITP: Prof. Günter Hertel, Daimler-Chrysler AG, definierte im Rahmen seines Festvortrags zur Eröffnung der Messe die ITP als Prozeß, der von der Intention über die Invention zur Innovation führt. Mittels der entwickelten Technologie führt der Weg vom Technologietransfer zur Produktion und mündet letztendlich in gesteigerter Produktivität.

Handel und Dienstleistungen

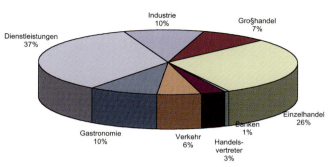

Dienstleister aus den Bereichen Unterhaltung und Freizeit angesiedelt werden; so ist ein Multiplex-Kinocenter geplant. Ein neues Güterverkehrszentrum im Norden von Ulm und zahlreiche neue Gewerbeflächen zeigen die auf Service und Wachstum gerichteten Perspektiven.

Für die traditionell starke Dienstleistungskultur in Ulm spricht der Anteil von Dienstleistern an der Wertschöpfung der Ulmer Wirtschaft und Handel(vgl. Graphik). Der tertiäre Sektor nimmt in Ulm einen hohen Stellenwert ein. Die Forschungseinrichtungen der Universität, der Fachhochschule, der Science Park, zahlreiche technikorientierte Institute und Forschungszentren im Umfeld der Universität und Gründerzentren geben den Dienstleistern durch enge Kooperationsstrukturen kontinuierlich innovative Anstöße und äußerst wichtige Wachstumsimpulse.

Beispielsweise unterstützen die TechnologieFabrik (TFU) und das Innovationszentrum auf dem Gelände der Daimler Benz Aerospace AG Unternehmensgründer bei der wirtschaftlichen Umsetzung von Forschungs- und Entwicklungsergebnissen. Die Gemeinde junger, innovativer Dienstleister hat Ulm als Arbeitsplatz für Fach- und Führungskräfte attraktiv gemacht.

Innovative Messe

Einen neuen Weg der aktiven Wirtschaftsförderung für die regionale Wirtschaft gehen die IHK Ulm und die Stadt Ulm. Die ITP – die Messe für Innovation, Technologie und Produktion – ist ein Marktplatz für Ideen, Produkte und für die Unternehmen der Region. 140 Firmen aus dem Großraum Ulm präsentierten sich 1998 mit ihren Produkten und Dienstleistungen von der Informationsverarbeitung bis hin zur Produktionstechnik. Die ITP lenkt die Kontaktanbahnung zwischen Know-how-Trägern aus Wissenschaft, Forschung und innovativen Unternehmen. Der aktive Austausch von Forschungsaktivitäten und Projekten der Ulmer Hochschulen mit den regionalen Unternehmen ist ein zentrales Anliegen der im zweijährigen Turnus stattfindenden ITP-Messe für innovatives Denken in Ulm. Die Messe ist damit ein wichtiges Instrument für zukünftigen Erfolg und weiteres Wachstum in der Ulmer Region. Davon profitieren alle.

Die Fähigkeit zur Innovation ist ein Schlüsselfaktor für die Ulmer Wirtschaft, für Wohlstand und Beschäftigung. Innovation schafft und sichert Arbeitsplätze, auch in den Bereichen Handel und Dienstleistungen. Hier manifestieren sich in der Ulmer Wirtschaftstradition die wesentlichen Faktoren für Innovationen: eine fundamentale Neugier sowie Aufgeschlossenheit und Mut, Neues zu wagen. Ulm ist ein Wirtschaftsraum der Erfinder, Forscher und Ingenieure. ■

Hirschstraße mit Münsterturm.

Haupteingang Messegelände an der Donauhalle, 20.000 qm Hallenfläche stehen den Ausstellern auf dem Gelände der Ulm-Messe zur Verfügung.

Unternehmensportrait

Herkommer & Bangerter GmbH & Co.

Geschäftsführer:
Dr. Walther E. Gross

Gründungsjahr:
1873

Mitarbeiter:
ca. 200

Geschäftstätigkeit:
Chemikalienhandel,
Anlagenbau und Service

Anschrift:
Nicolaus-Otto-Straße 40
89079 Ulm
Telefon (0731) 94600-0
Telefax (0731) 94600-50

H & B – Lösungen für alle Kundenprobleme

Das Familienunternehmen bietet heute Dienstleistungen, die weit über den reinen Chemikalienhandel hinausgehen

Das H & B-Chemielager in Ulm-Donautal ist in Europa eines der modernsten.

Am 18. Januar 1873 gründeten die beiden Färbereispezialisten Fritz Herkommer und Gottfried Bangerter in Stuttgart ihr „Farbwaaren Geschäft en gros". 100 Jahre später finden sich beinahe 200 Mitarbeiter auf den Lohn- und Gehaltslisten des mittlerweile großen deutschen Chemikalienhändlers. Und im Zuge der deutschen Wiedervereinigung expandiert auch Herkommer & Bangerter; in Ulm-Donautal wird ein neues, modernes und großzügiges Chemielager gebaut.

Das seit seiner Gründung unverändert in Familienbesitz befindliche Unternehmen bietet heute Dienstleistungen an, die über den reinen Chemikalienhandel weit hinausgehen: Vom Anlagenbau bis zur Demontage und Entsorgung findet sich im H&B--Produktkreislauf für jedes Kundenproblem eine Lösung.

In allen Zweigen trägt das Unternehmen dem wachsenden Sicherheitsbedürfnis der Menschen Rechnung. H&B-Konstrukteure konzipieren deshalb Chemieanlagen, Neutralisationsanlagen, Abwasser- und lufttechnische Anlagen, Tanklager usw. nach dem neuesten Stand der Technik. Auf Wunsch kümmert sich das Unternehmen auch um die erforderlichen Genehmigungsverfahren und sorgt mittels Wartungsverträgen für die Instandhaltung der Anlagen. Alle produkt- und anwendungsspezifischen Probleme der Kunden können gelöst werden, weil eine permanente, lösungsorientierte Weiterbildung dafür sorgt, daß das Fachwissen stets auf dem aktuellen Stand ist.

Verkauf und Service gehen bei H&B seit jeher Hand in Hand. Die Versorgung der über 5.000 Kunden mit Industrie- und Basischemikalien sowie Spezialprodukten ist durch eine Vielzahl von Produktvertretungen namhafter nationaler und globaler Produzenten gewährleistet.

Kompetente Produktinformationen, fundierte Laboranalysen und kontinuierliche Qualitätskontrolle garantieren den Kunden hohe Sicherheit. Die Zertifizierung nach DIN EN 9002 und die Teilnahme am „Responsible Car"-Programm des deutschen Chemiehandels bieten eine zusätzliche Gewähr für ein sorgfältiges Handling der gelieferten Produkte.

Unternehmensportrait

Dem mittelständischen Fachhandel verpflichtet

Mit über 2.400 Gesellschaftern gehört RUEFACH zu den führenden Fachhandelskooperationen Deutschlands

RUEFACH-Zentrale in Ulm.

Der mittelständische Fachhandel mit angeschlossenem Handwerk ist eine der Säulen der deutschen Wirtschaft. Jeder einzelne, freie Unternehmer ist ein wichtiger Teil dieses Gebildes. Den Fachhändler der Unterhaltungs-, Haushalts- und Kommunikationselektronik im Wettbewerb zu fördern und zu stärken, seinen Erfolg zu optimieren und seine unternehmerische Zukunft zu sichern, ist das satzungsgemäße Ziel der RUEFACH.

Durch den immer härter werdenden Wettbewerb und die Verdrängung des mittelständischen Fachhandels durch Großflächenanbieter ist die Mitgliedschaft in einer kompetenten Fachhandelskooperation wichtiger als je zuvor. Die erfolgreiche Zusammenarbeit kann sich auf unterschiedlichsten Ebenen abspielen, sei es bei der Warenbeschaffung, der Werbung oder der Marktinformation. Alle Ebenen zählen zum Bereich des Marketing.

Hinzu kommt die Finanzierungsfunktion in Form der zentralen Zahlungsabwicklung aller Wareneinkäufe (Kooperationslager oder Industrie direkt), darüber hinaus diverse Dienstleistungen wie Ladenbau, Schulungen, usw. sowie die permanente Fortentwicklung von Kommunikations- und Datenaustauschkonzepten.

Die Schlüsselrolle der RUEFACH liegt in der Bündelung der individuellen Kräfte ihrer Mitglieder, um so ein Marktgewicht zu erlangen und zu demonstrieren, von dem jeder Händler profitiert. Es ist das Anliegen der RUEFACH, dem Fachhändler in der strategischen Unternehmens- und Sortimentspolitik und im Tagesgeschäft eine sichere Stütze im Markt zu sein.

Höhepunkt jeden Jahres ist der RUEFACH-Kongress in Nürnberg, ein Schaufenster für alle RUEFACH-Angebote und -Dienstleistungen. Er bietet eine Plattform für Vorträge, Diskussionen und Workshops. Auf der zusammen mit dem Kongress stattfindenden Warenmesse präsentieren rund 200 Hersteller und Dienstleister auf 16.000 qm ihre Produkte.

Mit inzwischen über 2.400 Gesellschaftern behauptet die RUEFACH seit vielen Jahren ihren starken Platz in der Branche als eine der führenden mittelständischen Fachhandelskooperationen. Mit der Werbemarke „Master´s" ist es der RUEFACH gelungen, über 550 freie Unternehmer erfolgreich unter dieser Dachmarke zu vereinen, mit einheitlichem Erscheinungsbild und abgestimmten Werbemaßnahmen. „Master´s" ist das Spiegelbild der Entwicklung eines Einkaufsverbundes zum Marketing- und Dienstleistungsverbund.

RUEFACH

RUEFACH GmbH & Co. KG (Kooperation)

in Verbindung mit:

RUEFACH Logistik GmbH

RUEFACH Dienstleistungs GmbH

Geschäftsführer:
Dr. Karl Bernhard Hillen,
Arnold Groten,
Achmed Keller,
Kurt Ulrich

Gesellschafter (Kommanditisten):
2.400 Fachhändler mit 2.700 Fachgeschäften

Gründungsjahr:
1974

Mitarbeiter:
210

Geschäftstätigkeit:
Förderung des mittelständischen Facheinzelhandels für Unterhaltungs-, Haushalts- und Kommunikationselektronik durch Einkauf, Marketing und Dienstleistungen.

Umsatz:
Einzelhandel: 3,1 Mrd. DM
Zentralreguliert: 1,2 Mrd. DM

Auslandsaktivitäten:
RUEFACH Ges.m.b.H. & Co. KG, Baden/Österreich
Mitglied der E.D.A.-Gruppe, Brüssel/Belgien

Anschrift:
Eberhard-Finckh-Straße 55
89079 Ulm
Telefon: (0731) 9272 0
Telefax: (0731) 9272 160
eMail: info@ruefach.de
Internet: www.ruefach.de

Ökologie

Auf dem Weg in eine umweltverträgliche, wirtschaftlich erfolgreiche und sozial verantwortliche Zukunft

Der Standortfaktor „Umwelt" steht für Unternehmen heute mehr denn je im Vordergrund. Sie sehen das Thema Umwelt aus unterschiedlichen Aspekten als wichtig für ihre unternehmerischen Entscheidungen an. Neue Märkte aufgrund eines verstärkten Umweltbewußtseins der Verbraucher/-innen fordern Innovationen für neue, umweltfreundliche Produkte. Betrieblicher Umweltschutz spielt eine große Rolle für produzierende Unternehmen, die durch Umweltmaßnahmen nicht nur Ressourcen schonen und damit Kosten einsparen, sondern auch Folgekosten, wie sie durch die Abfallentsorgung oder durch Haftungsrisiken entstehen, minimieren. Dadurch entsteht wieder Nachfrage für zum Teil hochspezialisierte Umwelttechnologien. Nach wie vor ist Deutschland weltweiter Marktführer in der Umweltbranche. Gleichzeitig wirken sich umweltschonend produzierte Güter nicht selten auch auf den Arbeitsmarkt aus: Während Energie und teure Investitionsgüter gespart werden, kommen dafür mehr Arbeitskräfte zum Einsatz.

Der zuletzt genannte Effekt beispielsweise kann und soll auf Bundesebene durch eine entsprechende ökologische Steuerreform gefördert werden. Was aber geschieht auf kommunaler Ebene, um umweltbewußte Unternehmensführung zu unterstützen und gleichzeitig den Standort Ulm für die Wirtschaft interessant zu machen?
Die Stadt Ulm wendet gezielt verschiedene Instrumente an, um den – oft als Widerspruch bezeichneten – Zusammenhang zwischen wirtschaftlichem und umweltverträglichem Handeln als Motor für Arbeitsplätze und Innovationen einzusetzen.

Ulmesse GmbH: Unsichtbar auf dem Dach befindet sich eine Photovoltaikanlage.

Neue Märkte gezielt fördern: Solarstadt Ulm

Die Solarindustrie und mit ihr das Handwerk, das die Solaranlagen installiert und wartet, boomt. Die Photovoltaik verzeichnete 1997 bundesweit sagenhafte 55% Marktzuwachs, für Solarthermie wird in den nächsten 10 Jahren mit einem jährlichen Wachstum von 20 bis 30 % gerechnet. Die Stadt Ulm hat diesen Trend frühzeitig erkannt

Petra Schmitz

Die Autorin ist 1966 geboren. Von 1985 - 1993 studierte sie Physik an der Universität Heidelberg und graduierte als Diplom-Physikerin.
In der Zeit von 1993-1994 war Frau Schmitz als wissenschaftliche Mitarbeiterin in der europäischen Geschäftsstelle der Europäischen Sonnenenergievereinigung (Eurosolar) e.V. in Bonn tätig.
Seit August 1998 ist sie bei der Stabsstelle Ökologie der Stadt Ulm beschäftigt.

und mit mutigen Fördermaßnahmen unterstützt. Fast 2 Mio. DM hat die Stadt Ulm in einem Förderprogramm zwischen 1991 und 1997 für erneuerbare Energien und rationelle Energieanwendung ausgegeben, wodurch 21,5 Mio DM Investitionen ausgelöst wurden. Seit 1996 zahlen die Stadtwerke Ulm/Neu-Ulm für ins öffentliche Stromnetz eingespeisten Solarstrom dem Erzeuger 1,89 DM pro kWh – eine kostendeckende Vergütung, die bewirkt, daß Ulm heute mit über 350 kW installierter Photovoltaikleistung (mehr als 3 kW je 1000 Einwohner) und weiteren 155 kW in Bau befindlichen weit über dem bundesdeutschen Durchschnitt liegt (0,4 kW je 1000 Einwohner).

Öffentlichkeitsarbeit

Zur Förderung von Pilot- und Demonstrationsobjekten und um einer breiten Öffentlichkeit das Thema Erneuerbare Energien zugänglich zu ma-

Ökologie

chen, wurde im Solarjahr 1996 von den Städten Ulm und Neu-Ulm und den Stadtwerken SWU die Solarstiftung gegründet. Sie betreibt ein Solarinformationszentrum auf der Wilhelmsburg und führt Informations- und Verbreitungsmaßnahmen durch. Projektanträge werden von Fachleuten auf Innovation und Machbarkeit geprüft. Dieses bundesweit einzigartige Modell hat auch bereits überregional vielfältige Resonanz gefunden und dient auch der Stärkung regionaler Wirtschaftsstrukturen, indem Innovationen und Neuentwicklungen gefördert werden.

Kunden über alle fünf Sinne erreichen

Ulm ist Gastgeberin für Europas größte Verbrauchermesse im Umweltbereich. Die ÖKO wird seit 1976 vom BUND veranstaltet und findet seit 1993 – im Wechsel mit Freiburg – alle zwei Jahre in Ulm statt. Von Solartechnik und Regenwassernutzung über Hanfbekleidung bis hin zu Duftölen und Vollkornkeksen ist alles geboten, was der Markt an umweltfreundlichen Produkten und Dienstleistungen hergibt, begleitet von einem attraktiven Veranstaltungsprogramm und Sonderaktivitäten für Kinder und Jugendliche. Das Messeangebot zum Thema Umwelt wird ergänzt durch die „Haus und Heim", die in diesem Jahr unter anderem mit einer Sonderschau „Ökologisch Bauen – Wohnen – Leben" ebenfalls Zigtausende von Besuchern anlockte. Als Schaufenster für innovative Produkte der Region Ulm wurde in diesem Jahr erstmalig eine Innovationsmesse durchgeführt, die unter anderem auch Produkte und Anwendungen aus der Umwelttechnologie zeigte.

Positive Marketing-Effekte

Ulm nimmt mit dem Projekt „Modellvorhaben ökologische Stadtentwicklung" an der EXPO 2000 teil, beispielhaft dargestellt an der Modellsiedlung Im Sonnenfeld (s. Beitrag von Peter Jäger). Als dezentrales „Weltweites Projekt EXPO 2000" möchte Ulm unter dem Aspekt der Nachhaltigkeit das EXPO-Motto Mensch-Natur-Technik mit Leben füllen. Neben einer Vielzahl von städtischen Projekten und Konzepten, die sich alle zum Gesamtkonzept „ökologische Stadtentwicklung" zusammenfügen, soll auch der Wirtschaftsstandort Ulm von dem Gütesiegel Weltweites Projekt profitieren. Nachhaltige Wirtschaftsentwicklung wird in Veranstaltungen und Veröffentlichungen thematisiert werden,

Grüne Lungen für Ulm: Luftaufnahme landschaftlich genutzter Talflächen.

europaweite Kontakte sollen entstehen, Ulm als Innovations- und Solarstadt weit über seine Grenzen hinaus bekannt werden.

Umweltbewußte Unternehmensführung fördern: Öko-Audit für Ulmer Unternehmen

Das Öko-Audit-System der EU bietet umweltbewußten Unternehmen die Möglichkeit, freiwillig an einem Begutachtungsverfahren teilzunehmen und dadurch den Nachweis zu erhalten, daß bestimmte Anforderungen an die Organisationsstruktur und an die umweltbezogene Eigenkontrolle der Unternehmen erfüllt werden. Die Stadt hat in 1996 und 1997 an einem Pilotprojekt des Landes zum kommunalen Öko-Audit teilgenommen. Eine wichtige umweltbezogene Handlungsmöglichkeit einer Stadtverwaltung ist die Einflußnahme auf andere Akteure. Daher wurden im Rahmen des Pilotprojekts auch mehrere Veranstaltungen für interessierte Ulmer Unternehmen durchgeführt sowie in Zusammenarbeit mit der IHK und Ulmer Unternehmensberatern Kurzberatungen zum Aufbau eines Umweltmanagementsystems angeboten. Inzwischen nehmen 13 Ulmer Unternehmen am EG-Öko-Audit-System teil, Tendenz steigend. Auch 1999 sind wieder Veranstaltungen zu diesem Thema geplant.

Umweltpreis der Stadt Ulm für hervorragende Leistungen

Zur Förderung hervorragender innovativer Leistungen auf dem zukunftsträchtigen Sektor des Umweltschutzes, der Umweltvorsorge und der Umweltentwicklung schreibt die Stadt Ulm zusammen mit der Sparkasse Ulm seit 1995 alle zwei Jahre einen Umweltpreis aus. Der Preis wurde 1997 in fünf Kategorien – Neue Produkte, Dienstleistungen/Technologien, Wissenschaft/Forschung, Unternehmensführung, Ideen/Neuerungen/Umwelteffekte mit pädagogischen Zielsetzungen – unter anderem an fünf Ulmer Unternehmen vergeben. Auch 1999 wird der öffentlichkeitswirksame Preis wieder vergeben, diesmal ergänzt um einen speziellen Umweltpreis für Auszubildende, den der BUND ausschreibt und der die frühzeitige Auseinandersetzung mit dem Umweltthema in allen Berufssparten fördern will.

Modernste Technologien im neuen Gewerbegebiet Ulm-Nord

Im Gegensatz zu konventionellen Gewerbegebieten mit einem hohen Anteil an versiegelter Fläche und den einhergehenden ökologischen

Ökologie

Umweltverträgliche Mobilität.

anbietet, um den Güterverkehr in Ulm und der Region zu optimieren und als erwünschter Nebeneffekt verkehrsbedingte Umweltbelastungen zu verringern.

Grüne Lungen für Ulm

Innerstädtische Grünanlagen und Stadtteilparks sind ein Stück Lebensqualität und damit auch in gewissem Sinn Standortfaktor. Die zielstrebige Erweiterung der Ulmer Grünanlagen zu einem stadtumspannenden „Grünen Bogen" und ihre Verzahnung mit der umgebenden Landschaft tragen dem Bedürfnis der Stadtmenschen, ihre Freizeit im Grünen zu verbringen, Rechnung. Die städtischen Grünanlagen sind eingebettet in die Maßnahmen zur ökologischen Landschaftsentwicklung, die die Täler rings um Ulm mit einbeziehen und die unter anderem die Renaturierung von Gewässern und Aufforstungsprojekte umfassen.

Umweltverträgliche Mobilität für Menschen und Güter

Ein Wirtschaftsstandort ist im Zeitalter der mobilen Gesellschaft und der Globalisierung nur dann attraktiv, wenn die Verkehrsanbindung lokal, regional und überregional stimmt. Zur Sicherung von Mobilität mit möglichst geringen Umweltbelastungen hat der Gemeinderat der Stadt Ulm 1995 einen umfassenden Verkehrsentwicklungsplan verabschiedet. Dieser hat eine verstärkte Verlagerung vom motorisierten Individualverkehr hin zum sogenannten Umweltverbund, das heißt öffentliche Verkehrsmittel, Fuß- und Radverkehr, zum Ziel.

Der Plan sieht u.a. den Ausbau des Straßenbahnnetzes von bisher einer auf fünf Linien mit insgesamt 34,2 km Streckenlänge vor. Dabei ist

Problemen, entsteht im Ulmer Norden ein Gewerbegebiet ganz anderen Zuschnitts. Die Energieversorgung wird durch die Stadtwerke Ulm/Neu-Ulm (SWU) per Wärme-Komplett-Service übernommen, d.h. die Energieversorgungsanlagen sind Eigentum der SWU und werden auch von den SWU unter optimalen Bedingungen und mit maximaler Effizienz betrieben. Darüber hinaus ist der Einsatz erneuerbarer Energien vorgesehen. Das Niederschlagswasser wird nicht in die Kanalisation eingeleitet, sondern über Entwässerungsmulden versickert.

bemerkenswert, daß es sich um ein länderübergreifendes Projekt der beiden Städte Ulm und Neu-Ulm handelt, die nur durch die Donau und die bayrisch-baden-württembergische Landesgrenze getrennt sind. Die 5 Linien sollen die Hauptsiedlungsgebiete der beiden Städte erschließen. 60% der Wohnungen und 55% der Arbeitsplätze beider Städte werden vom geplanten Straßenbahnnetz erschlossen, parallel soll das Busnetz mit Zubringerfunktion ausgebaut werden.

Zur Stärkung des regionalen öffentlichen Personenverkehrs wurde im Januar 1998 die Donau-Iller-Nahverkehrs-Gesellschaft gegründet. Dieser Verkehrsverbund soll den Kunden das Umsteigen bei längeren Strecken erleichtern und vor allem die regionalen Verbindungen verbessern. Im April 1998 wurde ein modernes Fahrkartensystem mit einem wiederaufladbaren elektronischen Speicher eingeführt. Dies soll zur Bequemlichkeit der Fahrgäste beitragen. Erste Erfahrungen zeigen, daß das neue System von den Kund/-innen gut angenommen wird.

Die Lage Ulms an der ICE-Strecke Stuttgart – München und an der Nord-Süd-Achse Heidenheim – Friedrichshafen ermöglicht eine optimale umweltfreundliche Erreichbarkeit aus allen Himmelsrichtungen. Im Ulmer Norden soll ein Containerbahnhof der Deutschen Bahn AG entstehen, der als Schnittstelle zwischen Schiene und Straße die gesamte Region an den Schienenverkehr anbindet. In direkter Nähe des Containerbahnhofes ist ein modernes Logistikzentrum geplant, das Transportdienstleistungen

Gemeinsam zukunftsfähig wirtschaften

Nach dem Motto „Global denken, lokal handeln" enthält die Agenda 21 den Aufruf an die Kommunen dieser Erde, ihre eigene, jeweils den Bedingungen vor Ort angepaßte Agenda 21 aufzustellen. Das besondere an diesem Aufruf: Diese Lokale Agenda 21 soll im Dialog mit den Bürger/-innen, Organisationen und der Privatwirtschaft vor Ort erarbeitet werden. In Ulm ist das Bestreben der Wirtschaft vor Ort, sich an Diskussionen und Entscheidungsprozessen unter dem Aspekt der Nachhaltigkeit zu beteiligen, deutlich erkennbar. Unter der Schirmherrschaft der Stadt entstand 1993 der Ulmer Initiativkreis Nachhaltige Wirtschaftsentwicklung. Die Initiative besteht aus 120 Mitgliedern aus Wirtschaft, Wissenschaft und Politik und arbeitet an Runden Tischen Konsenspositionen aus. Die Dialogbereitschaft der Ulmer Akteur/-innen und die vielen bereits vorhandenen Konzepte zur Beteiligung von Bürger/-innen haben dazu geführt, daß im Frühjahr 1998 ein Diskurs zwischen Politik, Verwaltung, Bürgerschaft und Wirtschaft eröffnet wurde, der sich zunächst auf den Bereich Umwelt beschränkte und der jetzt in einen Lokalen „Agenda Ulm 21"-Prozeß münden soll: Unter Mitwirkung aller Beteiligten soll ein Maßnahmenplan für das kommende Jahrtausend entstehen, um die Eckpunkte des Ulmer Leitbildes umweltverträglich – wirtschaftlich erfolgreich – sozial verantwortlich umzusetzen.

Unternehmensportrait

Drehscheibe des Wissens: Forschungszentrum Ulm

Daimler-Benz investiert entschlossen in Zukunftsvorsorge – 270 Millionen DM kostete bislang die Forschung in Ulm

Daimler-Benz-Forschungszentrum Ulm.

DAIMLERBENZ
AKTIENGESELLSCHAFT

Daimler-Benz AG
Forschungszentrum Ulm

Gründungsjahr:
1993

Themenspektrum:
Mikroelektronik
Schicht- und Oberflächentechnik
Strukturwerkstoffe
Produktionsforschung und Umwelt
Informationstechnik und
Energieforschung

Anschrift:
Forschungszentrum Ulm
Wilhelm-Runge-Straße 11
89013 Ulm
Telefon: (0731) 505-0
Telefax: (0731) 505-4101

Daimler-Benz investiert entschlossen in die Zukunft – 270 Millionen DM kosteten bislang allein die Forschungsgebäude in Ulm.
Im Jahr 1993 wurde es fertiggestellt: das neue Zentrum der Daimler-Benz-Forschung in Ulm. Mehrere hundert Wissenschaftler und Ingenieure erarbeiten hier das Wissen für die Zukunft des Konzerns. Das Ressort Forschung und Technologie ist eingebunden in die Entstehung von Produkten aller Geschäftsbereiche: Personenwagen, Nutzfahrzeuge, Luft- und Raumfahrt, Dienstleistungen sowie der direkt geführten Gesellschaften Adtranz, TEMIC und MTU. Die Forscher schaffen grundlegende Voraussetzungen für neue Produkte, sorgen für innovative Produkteigenschaften und unterstützen die Bereiche von der Erarbeitung von Technologiestrategien bis hin zur Fertigung der Produkte.
Dem Forschungsstandort Ulm kommt dabei eine besondere Bedeutung zu. Das gilt sowohl für die Forschungsthemen, die das technologische Know-how des Konzerns auf ein einheitliches Fundament stellen, als auch für die Einbindung des Zentrums in die „Wissenschaftsstadt Ulm", die auf dem Areal „Oberer Eselsberg" konzentriert ist. Das Themenspektrum des Daimler-Benz-Forschungszentrums in Ulm umfaßt heute:

- Mikroelektronik
- Schicht- und Oberflächentechnik
- Strukturwerkstoffe
- Produktionsforschung und Umwelt
- Informationstechnik und
- Energieforschung.

Die Forschungsbereiche untergliedern sich in verschiedene Laboratorien, stellen somit „Centers of Competence" für die Geschäftsbereiche dar. So entwickelte der Mikroelektronikbereich in Ulm zusammen mit den anderen Forschungsstandorten in Stuttgart-Untertürkheim, Frankfurt, Ottobrunn und Friedrichshafen neue elektronische Bauelemente und Schaltungen, die in eigenen Reinräumen produziert werden.
Werkstoff- und Produktions-Forscher befassen sich mit neuen, maßgeschneiderten Materialien, zum Beispiel für den Schutz von Oberflächen. In anderen Materialien vereinen sie umweltverträgliche Naturfasern mit Kunststoffen zu leistungsfähigen Verbundwerkstoffen, um daraus Verkleidungsteile von Fahrzeugen zu fertigen. Dabei denken die Forscher aber schon beim Herstellungsprozeß an die Recyclingfähigkeit der Werkstoffe. Weitere Forschungsbeispiele sind das Wachstum von Diamantschichten für elektronische Bauelemente und Motorenteile aus Kohlenstoff oder Keramik.
Ein weiterer Forschungsschwerpunkt in Ulm ist die Informationstechnik. Zusammen mit debis arbeiten die Forscher an Softwareprojekten, mit Adtranz entstehen Beiträge zur Bahntechnik, mit dem Geschäftsbereich Personenwagen innovative sprach- und bildverstehende Systeme für das Auto der Zukunft und für die DASA arbeiten die Forscher an Projekten für die Luft- und Raumfahrt.
Das Forschungszentrum Ulm ist eine Drehscheibe für weitreichende Ideen und – ganz eng damit verknüpft – eine Drehscheibe natürlich auch für Menschen. ∎

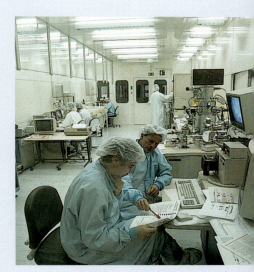

Computer und Analyseanlagen sind typische Arbeitsplätze.

Ulm – Standort für ein Projekt EXPO 2000

Modellvorhaben „Ökologische Stadtentwicklung", Energiekonzept für die Niedrigenergiehaussiedlung „Im Sonnenfeld" mit Vorrang für regenerative Energien.

1. Projektbeschreibung

Ausgehend von den Verpflichtungen für den Klimaschutz, die die Projektträgerin durch ihre Mitgliedschaft im „Klimabündnis" eingegangen ist, wurde vorrangig für den Bereich „Energie" ein Umweltdiskurs mit der Bürgerschaft begonnen, der die Akzeptanz und Verankerung zukunftsweisender Projekte der Bau-und Energietechnik zum Ziel hat und den Beginn des Prozesses zur Vereinbarung einer „Lokalen Agenda 21 für Ulm" darstellt.

Das Projekt will in einem ganzheitlichen Ansatz Handlungsfelder für eine ökologische Stadtentwicklung aufzeigen und anhand der Entwicklung und Realisierung eines innovativen Energiekonzeptes modellhaft demonstrieren, wie ökologische Zielsetzungen in der Stadtentwicklung wirkungsvoll umgesetzt werden können.

Die gewählten neuartigen Lösungsansätze orientieren sich an den Kriterien für eine nachhaltige Entwicklung und werden weit über die Zeit der Weltausstellung hinaus eine zukunftsfähige Perspektive für die Energieeinsparung und die resourcenschonende Energieversorgung im Wohnungsbau darstellen. In einem neuartigen Kooperationsmodell zwischen der öffentlichen Verwaltung der regionalen Forschung, dem örtlichen Handwerk und Gewerbe, der Solarstiftung Ulm/Neu-Ulm und den Energieversorgern dienen sowie den Nutzern bzw. Betroffenen soll dieses Projekt entwickelt und realisiert werden.

Peter M. Jäger

Der Autor ist Dipl.-Ing. der Architektur, seit 1980 Mitarbeiter im Baudezernat der Stadt Ulm, von 1985 - 1998 Umweltbeauftragter der Stadt Ulm, ab 1998 Leiter des Sachgebietes Umwelt- und Stadtentwicklung.
Seit 1995 fungiert er als Geschäftsführer der Solar-Stiftung Ulm/Neu-Ulm.

Im Stadtteil Eselsberg – in unmittelbarer Nähe zur „Wissenschaftsstadt" mit der Universität, der Fachhochschule sowie zahlreichen angegliederten öffentlichen und privaten Forschungseinrichtungen – ist die Entwicklung einer ökologisch beispielhaften Siedlung für rd. 450 Einwohner mit dem Schwerpunkt der Energieeinsparung und der Nutzung regenerativer Energien geplant.

Während der EXPO 2000 sollen die in einem 1. Bauabschnitt errichteten ca. 70 Einfamilienhäuser mit minimalem Energiebedarf sowie möglichst hohem Anteil regenerativer Energien an der Strom- und Wärmeversorgung demonstriert und den Besuchern in einem „Visitor Center" präsentiert werden.

2. Projektziele

Das Projekt wird mit dem Ziel entwickelt, durch die Zusammenführung von bewährten bzw. weiterzuentwickelnden Einzelkomponenten sowohl der Baukonstruktion als auch der Energietechnik, ökologisch und ökonomisch effiziente Systeme bereitzustellen, deren Anwendung bei weiteren

Wissenschaftsstadt

Wohngebiet „Sonnenfeld"

Bauprojekten, auch über den Standort Ulm hinaus, problemlos möglich ist.

Dies gilt nicht nur für den Bereich von Neubauten, sondern vor allem auch für den Altbaubestand. Hier wird künftig der effizienteste und umfangreichste Beitrag zum Klimaschutz zu erwarten sein; diese Sanierung der Altsubstanz ist der Aktionsschwerpunkt des „Kommunalen Energiekonzepts Ulm" der Projektträgerin.

Die Realisierung des Projekts sowie die Dokumentation der hierbei gesammelten Erfahrungen sollen zur Verbreitung des Prinzips der Nachhaltigkeit in der Öffentlichkeit beitragen und damit zur Akzeptanz und Markteinführung der entwickelten technischen Systeme.

Damit soll ein wichtiger Beitrag zur Sicherung von Arbeitsplätzen, vor allem in mittelständischen Handwerksbetrieben, aber auch zur Gründung neuer Existenzen geleistet werden.

Aus der übergreifenden Aufgabenstellung lassen sich folgende Einzelschritte ableiten:

- Entwicklung eines Energiekonzeptes für unterschiedliche Gebäudetypen- und strukturen bei minimalem Energiebedarf, der Bereitstellung des Brauchwarmwassers durch Solarthermie sowie der Deckung eines Restwärmebedarfs additiv durch zwei alternative, sich ergänzende, mit dem Stromnetz gekoppelte Systeme:

    a) Kraft-Wärme-Kopplung mit Brennstoffzelle, d. h. Stromerzeugung mit Abwärme,

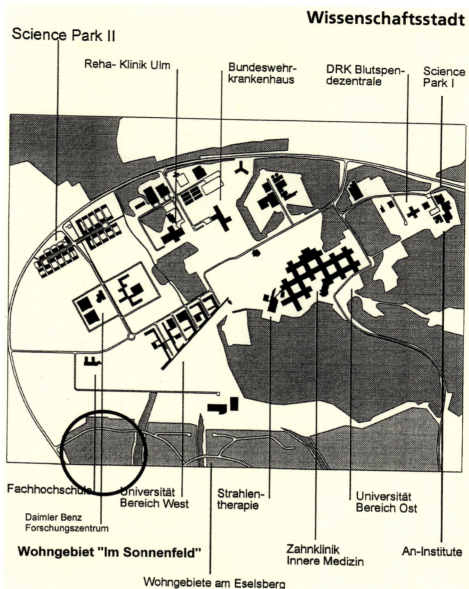

Registriertes Projekt der Weltausstellung

b) Elektro-Wärmepumpe, Wärmeversorgung mit Nutzung von Erdwärme.

- Entwicklung eines Konzeptes zur Deckung des innerhalb der Siedlung benötigten Stromes durch erneuerbare Energie, vorzugsweise Photovoltaik, einschließlich geeigneter Instrumentarien für die Einbeziehung des Nutzerverhaltens zur Erhöhung der solaren Direktnutzung.

3. Umsetzungsstadien

Bis zum Beginn der EXPO im Jahr 2000 sollen ungefähr 70 Einfamilienhäuser in verdichteten Hausgruppen mit den dazugehörigen – nach Gebäudetyp modifizierten – Energiesystemen realisiert und im Betrieb demonstriert werden.

Das Gesamtprojekt ist abgesichert durch entsprechende Beschlüsse der zuständigen öffentlichen und privaten Gremien, die neben den grundsätzlichen planungsrechtlichen und fachlichen auch die erforderlichen finanziellen Entscheidungen getroffen haben.

Die Realisierung der Bauprojekte wird getragen durch private Bauträger/Bauherren im Rahmen der Umsetzung des Bebauungsplanes.

Da die Projektträgerin auch Eigentümerin der erforderlichen Baugrundstücke ist, lassen sich alle zur Umsetzung des Konzepts notwendigen Verpflichtungen privatrechtlich vereinbaren.

EXPO 2000

Solaranlagen minimieren den Energiebedarf.

Die Projektträgerin hat im Haushaltsplan 1998 bzw. in der mittelfristigen Finanzplanung entsprechende Planungsmittel sowie rd. 650 000,- -DM/Jahr für die Förderung privater Maßnahmen zur Energieeinsparung bzw. Nutzung regenerativer Energien beschlossen. Weitere Mittel werden durch die „Solarstiftung Ulm/Neu-Ulm" bereitgestellt sowie durch die Energieversorger.
Die Finanzierung der Konzepte und Planungen sowie der Realisierung der Bauprojekte und ihr Betrieb sind somit gesichert.

Das Projekt ist wie folgt gegliedert:

- Entwicklung einer Strategie, die alle drei Aspekte der Nachhaltigkeit berücksichtigt:

  - Ökologie (Energiesparen und Umstieg auf regenerative Energien),

  - Ökonomie (Weiterentwicklung der „Solarstadt") und

  - Soziales (sichern von Beschäftigungsmöglichkeiten);

- Entwicklung des Energiekonzeptes und der Teilsysteme;

- Installierung einer ständigen Qualitätssicherung sowohl für den Bereich der Baukonstruktion (Minimalenergiebedarf), als auch für die Energietechnik, aber auch für die architektonische Gestaltung, im Zusammenwirken mit einer umfassenden Beratung und Fortbildung aller Beteiligten;

- Aufbau eines Expertennetzwerkes für den Technologietransfer und das Innovationsmanagement für den Schwerpunkt „Minimalenergiehaus - Passivhaus" im Rahmen des Modellvorhabens des Landes Baden-Württemberg;

- Realisierung eines 1.Bauabschnittes von ca. 70 Einfamilienhäusern mit den o.g. Energiesystemen;

- Durchführung des Demonstrationsvorhabens „Brennstoffzellen-Hausenergieversorgung";

- Einrichtung eines „Visitor Center" zur Information des Fachpublikums und Erarbeitung eines „Handbuches"

4. Projektpartner bzw. Untervorhabensträger

Aus der bisherigen Zusammenarbeit im Rahmen der Zielsetzungen des „Klimabündnisses" bzw. konkreter Einzelplanungen wie z.B. dem „Kommunalen Energiekonzept" heraus, wurden bereits Kontakte zu folgenden möglichen Projektpartnern bzw. Untervorhabensträgern aufgenommen und teilweise bereits eine Zusammenarbeit im beantragten Projekt vereinbart:

- Solarstiftung Ulm/Neu-Ulm
- Stadtwerke Ulm/Neu-Ulm GmbH
- Energie-Versorgung Baden-Württemberg
- Universität Ulm
- Fachhochschule Ulm
- Steinbeis-Transfer-Zentrum Energie Ulm
- Zentrum für Sonnen- und Wasserstoff-Forschung Ulm/Stuttgart
- Ulmer Initiativkreis nachhaltige Wirtschaftsentwicklung
- Industrieverband Heizung und Sanitär
- Siedlungswerk Stuttgart
- Landesentwicklungsgesellschaft
- Ulmer Wohnungs-und Siedlungs GmbH

Das Ulmer Solarmobil.

Unternehmensportrait

Kompetente Partner der Wirtschaftsunternehmen

Derra, Meyer & Partner machen wirtschaftliches Risiko kalkulierbar

DERRA, MEYER & PARTNER
RECHTSANWÄLTE

In den letzten anderthalb Jahrzehnten hat sich die Welt nicht nur als Ganzes, sondern auch auf unzähligen Teilgebieten stark verändert. Davon wurden und werden auch viele Rechtsfragen berührt. Die Anwälte von Derra, Meyer & Partner haben mit dieser rasanten Entwicklung Schritt gehalten und durch die notwendige Spezialisierung und erwünschte Teamarbeit alle Kompetenzbereiche der Kanzlei umfassend vernetzt und erweitert. So sind die Anwälte durch internationale Präsenz in der Lage, Unternehmen in den veränderten Rechtssituationen zu beraten, die durch ihre grenzüberschreitenden Aktivitäten entstehen. Heute präsentiert sich die moderne Partnerschaft mit vier Standorten als leistungsfähiger Verbund von 20 Rechts- und Wirtschaftsexperten, die sich in komplexen Rechtsfragen als Partner von Unternehmen vor Gerichten und Behörden persönlich engagieren und bei Bedarf die Verantwortung als interdisziplinäre Arbeitsgruppen übernehmen.

Im Interesse der Mandanten ist es, daß wirtschaftliche Risiken, die sie tragen wollen und vielleicht sogar eingehen müssen, nach allen Seiten und mit den voraussichtlichen Kosten kalkuliert und reflektiert werden. Dies tut Derra, Meyer & Partner mit der gebotenen Vorsicht und sämtlichen verfügbaren prognostischen Instrumenten. Bei jeder Auseinandersetzung mit dem Gegner gilt: Die Anwälte gehen keiner Auseinandersetzung aus dem Wege. Doch welcher Weg sich als der gangbarste und wirtschaftlichste erweist, zeigt immer erst eine genaue Analyse des Einzelfalls. Sind nach einer gründlichen Prüfung die Fakten ermittelt, dann ist auf die Experten Verlaß.

So kann es unter Umständen sinnvoll sein, eine andere Konfliktlösung als das übliche Gerichtsverfahren zu finden. Möglicherweise führt Einfühlungsvermögen – auch in die Belange der gegnerischen Seite – zu einer neuen Lösung, die keinem der Kontrahenten wegen der emotionalen Verstrickungen je selbst eingefallen wäre.

Die Facetten der rechtlichen und wirtschaftlichen Lage sind oft sehr komplex und nicht gleich auf den ersten Blick miteinander verflochten und verzahnt. Die Kanzlei sieht es als ihre Aufgabe, mit neuen Ansätzen zur Entflechtung komplizierter Sachverhalte beizutragen. Damit dient sie den wirtschaftlichen Interessen kurzfristig, mittelfristig und langfristig.

Die TELOS Treuhand GmbH Wirtschaftsprüfungsgesellschaft

Viele wirtschaftsrechtliche Probleme sind ohne präzise Analysen des betriebswirtschaftlichen und steuerlichen Hintergrundes nicht sachgerecht zu lösen.

Als partnerschaftlich verbundenes Unternehmen steht in solchen Fällen die TELOS Treuhand GmbH mit der ganzen Fachkompetenz ihrer Wirtschaftsprüfer, Steuerberater und Buchhalter zur Seite. Sie prüfen Bilanzen, erstellen Jahresabschlüsse oder führen die Buchhaltung für die Unternehmensmandanten – und sie lösen in fachübergreifenden Kooperationen mit der Anwaltskanzlei steuerliche Fragen unter Berücksichtigung des rechtlich Erreichbaren.

Ulm:
RA Dipl.-Volkswirt Hans-Jörg Derra
RA Prof. Dr. Jürgen Meyer
RAin Christiane Schrader-Kurz, Fachanwältin für Arbeitsrecht
RA Dr. Klaus Tappmeier
RA Alessandro Honert
RAin Silke Röser
RA Walter Bernhauer
RA Eckhard Stickdorn
Anschrift:
Frauenstraße 14
89073 Ulm
Telefon (0731) 9 22 88-0
Telefax (0731) 9 22 88-88
e.mail dmp@derra-ul.de

Dresden:
RAin Edeltraud Dietrich
RA Gunter Tarkotta
RA Ralf Hildebrand
RAin Corinna Werner
RA Hauke Schulz
RAin Katrin Engelmann
Anschrift:
Königsbrücker Straße 61
01099 Dresden
Telefon (0351) 8 14 06-0
Telefax (0351) 8 14 06-88
e.mail dmp@derra-dd.de

Berlin:
RA Karl-Heinz Lauser
Anschrift:
Europacenter 13. OG
10789 Berlin
Telefon (030) 25 49 31 42
Telefax (030) 25 49 32 99
e.mail dmp@derra-b.de

Bologna:
RA Karl-Heinz Lauser
Avvocato Dr. Irene Grassi
Anschrift:
Via Galleriera 32
I-40121 Bologna
Telefon (0039-051) 22 04 08
Telefax (0039-051) 22 74 97
e.mail derra@tin.it

TELOS Treuhand GmbH:
Wirtschaftsprüfer, Steuerberater
Prof. Dr. Peter Kupsch
RA Dipl.-Volkswirt Hans-Jörg Derra
Wirtschaftsprüfer Dipl.-Kfm. Jürgen Fischer
Wirtschaftsprüfer, Steuerberater
Dipl.-Kfm. Helmut Hetzelt
Anschrift:
Frauenstraße 14
89073 Ulm
Telefon (0731) 9 22 88-0
Telefax (0731) 9 22 88-88
e-mail wp@telos-ul.de

Projektentwicklung

Projektentwicklungsgesellschaft Ulm – Planung, Finanzierung, Errichtung und Verwaltung von Bauten in einer Hand

Die Bauaufgaben insbesondere im gewerblichen Bereich sind in den letzten Jahren aufgrund vielfältiger Anforderungen an die Immobilie und die an dem Projekt Beteiligten komplexer und umfangreicher geworden. Die Vorbereitungen, die vor der eigentlichen Realisierung der Bauaufgabe stehen, erfordern umfängliche Planungen, Vorabstimmungen und Konzeptionen mit einer Vielzahl von Behörden, Unternehmen und Einzelinteressen. Und dies alles bei immer knapper werdenden Ressourcen wie Finanzen, Grundstücken und Zeit.

Im Gegensatz dazu stehen die sich schnell verändernden Rahmenbedingungen, die eigentlich die Grundlage der Entscheidung zu einer Baumaßnahme bilden. So überholen Veränderungen der Rahmenbedingungen im Laufe der Planungszeit getroffene Entscheidungen und verursachen Kosten und weitere Verzögerungen.

In Ergänzung zu diesen Problemstellungen verlieren Grundstücke und Immobilien ihren Nutzungszweck, für den sie speziell errichtet worden sind. Gebäude, technische Anlagen, aber auch Grundstücke selbst verlieren mit der ursprünglichen Nutzung einen großen Teil ihres Wertes.

Kommt es zusätzlich, wie im aktuellen Immobilienmarkt, zu einem Überangebot solcher Objekte – Deutsche Bahn AG, Deutsche Telekom AG, Bundeswehr und andere ehemals militärisch genutzte Liegenschaften, Industrie und Kommunen –, sind diese in ihrem aktuellen Zustand kaum verwertbar. Die Nachfrage nach diesen Grundstücken ist und bleibt auf absehbare Zeit beschränkt.

Für viele Nutzer gewerblicher Immobilien stellt sich unter den vorgenannten Rahmenbedingungen bei notwendigen Veränderungen ihrer Produktionsstätten die Frage nach der Finanzierung ihrer Neuordnung. Der Erlös aus dem Verkauf oder der Verwertung des Altstandortes soll die Investition am neuen Standort mittragen. Dies führt bei Berücksichtigung der vorgenannten Rahmenbedingungen zu Risiken, die vorab nur sehr schwer einzuschätzen sind und die Realisierung grundsätzlich in Frage stellen.

Kunstpfad an der Universität Ulm: Bernhard Heiliger, Ulmer Tor.

Dipl.-Ing. Christian Bried

Der Autor wurde 1961 in Mannheim geboren. Nach dem Studium der Raum- und Umweltplanung (Schwerpunkt Stadtplanung) in Kaiserslautern von 1982 bis 1989 war er von 1989 bis 1991 Projektentwickler bei der Deutschen Hausbau GmbH & Co. KG, Frankfurt, einem Unternehmen der Schörghuber Gruppe. Es folgte eine Tätigkeit als Projektentwickler in Berlin bei der VEBA-Immobilien AG und der Gewerbebau Beratungs GmbH, Frankfurt, einem Tochterunternehmen der VEBA-Immobilien AG. Von 1996 bis 1998 war Christian Bried Abteilungsleiter Projektentwicklung und Prokurist bei der Preussag Immobilien GmbH, Salzgitter, seit September 1998 ist er Geschäftsführer der Projektentwicklungsgesellschaft Ulm mbH, einem Unternehmen der Stadt Ulm.

Die Wertung und die Berücksichtigung der Rahmenbedingungen aus den einzelnen Fachbereichen – technisch durch den Architekten und die Fachingenieure, kaufmännisch durch Banken und Wirtschaftsberater, baurechtlich durch Juristen und Baurechtler, nicht zuletzt den Nutzer selbst – reichen ohne eine intensive Zusammenführung und Abwägung bei den genannten Aufgabenstellungen nicht mehr aus. Vielmehr muß an zentraler Stelle, ausschließlich dem Bauherren verpflichtet, die Koordination und Überwachung der Maßnahme erfolgen. Da die Bauherren in der Regel ihre Kompetenz in ihrem Kerngeschäft besitzen und selbst nicht über eigenes Know-how verfügen, stellt es sich oft

Projektentwicklung

als sinnvoll dar, Dritte mit diesen Aufgaben frühzeitig zu betrauen.

Die Stadt Ulm hat in ihrer Gemeinderatsitzung vom Juli 1997 die Gründung der Projektentwicklungsgesellschaft Ulm mbH beschlossen. Der Gesellschaftsvertrag formuliert dabei die Aufgaben der Gesellschaft wie folgt:
Gegenstand der Gesellschaft ist die Planung, Finanzierung, Errichtung und Verwaltung von Bauwerken, insbesondere städtischer Projekte. Die Gesellschaft ist berechtigt, alle der baulichen Entwicklung dienenden Maßnahmen durchzuführen. Ebenso ist die Gesellschaft berechtigt, die Beratung und Betreuung von gewerblichen Unternehmen – insbesondere in Verfahrens-, Förderungs- und Standortfragen in Bezug auf gewerbliche Einzelprojekte – sowie Förderung von überbetrieblichen Kooperationen vorzunehmen.

Dieser Gesellschaftszweck beinhaltet alle wesentlichen Tätigkeiten, um die vorgenannten Problemfelder in der Projektentwicklung abzudecken.

Die Projektentwicklungsgesellschaft Ulm mbH bietet sich als kompetenter Ansprechpartner für Unternehmen innerhalb der Stadt Ulm in allen Fragen der Standortsuche und Flächenentwicklung an. In Zusammenarbeit mit erfahrenen Partnern werden individuelle Lösungen für den Bauherren erarbeitet und umgesetzt. Durch die Begleitung der Immobilie durch alle Phasen, über den Bauzeitraum hinaus, wird sichergestellt, daß neben der wirtschaftlichen Erstellung auch der günstige Betrieb der Immobilie schon in der Konzept- und Planungsphase eine angemessene Berücksichtigung findet.

Im folgenden sollen die wesentlichen Aufgabenstellungen der Projektentwicklungsgesellschaft Ulm mbH beschrieben werden.

Die Verwertung von kommunalen Grundstücken, die aufgrund grundstücksspezifischer Rahmenbedingungen erhebliche Probleme aufweisen und dadurch nicht einer städtebaulich sinnvollen Nutzung zugeführt werden können, soll durch eine gezielte Projektentwicklung erfolgen. Neben der Erarbeitung städtebaulich und wirtschaftlich tragfähiger Konzepte ist der Kontakt zu den späteren Nutzern eine zentrale Aufgabe der Projektentwicklungsgesellschaft Ulm mbH. Dieses gesamtheitliche Vorgehen soll gewährleisten, daß für alle Beteiligten eine optimale Lösung erreicht wird.

Die Unterstützung von Unternehmen bei der Entwicklung neuer Firmenstandorte in Ulm wird eine der zentralen Aufgaben der Projektentwicklungsgesellschaft Ulm mbH sein. Sowohl die Beratung in technischen und wirtschaftlichen Baufragen, als auch die Unterstützung bei der Durchführung und Mitwirkung bei der Finanzierung der Maßnahmen werden durch die Gesellschaft erbracht. Insbesondere expandierende Unternehmen benötigen ihre Eigenmittel zum Ausbau ihres eigentlichen Geschäftsfeldes und zur Stärkung der Marktposition. Die Bindung dieses Kapitals in Immobilieninvestitionen engt dabei den finanziellen Spielraum erheblich ein. Hier bietet die Projektentwicklungsgesellschaft Ulm mbH professionelle Hilfe an, eine adäquate und nutzergerechte Immobilie zu schaffen. Im Science-Park hat die Stadt Ulm bereits erfolgreich diese Strategie in die Praxis umgesetzt.

Weiterhin sollen Unternehmen bei der Verlagerung ihres Produktionsstandortes durch die Verwertung des Altstandortes unterstützt werden. Dabei bilden die marktgerechte Bewertung der Altimmobilie sowie die Einschätzung notwendiger Maßnahmen zur Aufbereitung des Objektes (Abbruch, Sanierung, Baurecht, etc.) einen wichtigen Teil bei der Kalkulation der Gesamtmaßnahme. Hier bietet sich die Projektentwicklungsgesellschaft Ulm mbH an, als Interessenverwalter des Eigentümers eine für ihn optimale Verwertung und damit den bestmöglichen Beitrag zur Umzugsfinanzierung zu leisten.

Die Projektentwicklungsgesellschaft Ulm mbH ist als junges Unternehmen im Ulmer Immobilienmarkt in der Lage, auf das Know-how erfahrener Mitarbeiter zurückgreifen zu können. Darüber hinaus ist die Zusammenarbeit mit den Stellen der kommunalen Verwaltung sowie mit Spezialisten für die jeweilige Aufgabenstellung für die Projektentwicklungsgesellschaft Ulm mbH eine Selbstverständlichkeit.

Eine Immobilie, die den fachlichen und wirtschaftlichen Ansprüchen des Nutzers dauerhaft gerecht wird, ist eine wichtige Grundlage für den unternehmerischen Erfolg eines jeden Unternehmens. Die Erreichung dieses Zieles wird immer wesentliche Grundlage der Arbeit und des Handelns der Projektentwicklungsgesellschaft Ulm mbH sein.

Baustelle im Science Park.

Automatisierter pendelfreier Hallenkran.

Projektentwicklungsgesellschaft Ulm mbH

Dipl. Ing. Christian Bried
Geschäftsführer
Hafengasse 22
89073 Ulm

Telefon (0731) 6 02 32 16
Fax (0731) 6 02 32 18

Unternehmensportrait

Moderne Fahrzeuge für den Gütertransport

KÖGEL – Vom Familienunternehmen zur Aktiengesellschaft

KÖGEL Fahrzeugwerke AG

Vorsitzender des Aufsichtsrates:
Prof. Dr.-Ing. Karl Eugen Becker

Vorstand
Dipl.-Volkswirt Herbert Kögel (Vorsitzender)
Erich Baier
Dipl.-Betriebswirt (FH) Gabriele Kögel
Manfred Mayer
Dipl.-Ing.(FH) Gerhard Haydt

Gründungsjahr:
1934

Mitarbeiter:
1.700 (in der Gruppe)

Jahresumsatz (1997):
535 Mio. DM (in der Gruppe)

Geschäftstätigkeit:
Herstellung von Aufbauten, Anhängern und Sattelanhängern, sowie Spezialfahrzeuge

Anschrift:
KÖGEL Fahrzeugwerke AG
Daimlerstraße 14
89079 Ulm
Telefon (0731) 9454-0
Telefax (0731) 9454-499
www.koegel.com
info@koegel.com

Mit praxisorientierten Lösungen erfüllt KÖGEL die Forderungen der Transportwirtschaft.

Seit Jahrzehnten zählt KÖGEL zu den führenden Herstellern von Anhängern und Aufbauten. Abgestimmt auf die Marktbedürfnisse und angepaßt an die europaweit bedeutendsten Transportrelationen nimmt dabei das Programm EuroTRAILER mit Planenanhängern und -aufbauten eine herausragende Stellung ein. Es sind pro Jahr weit über 10.000 EuroTRAILER-Einheiten, die KOEGEL baut und die in den europaweiten Einsatz gehen.

Mit seinem weiteren umfassenden Programm ist KÖGEL für den Transporteur ein Vollsortimenter. Neben Ausrüstungen und Fahrzeugen für den kombinierten Verkehr „Sraße/Schiene" bietet KÖGEL auch im EuroBOX Programm eine Vielzahl an Fahrzeugvarianten für den Trockenfrachttransport an. Das EuroCOOLER Sortiment umfasst Aufbauten, Anhänger und Sattelanhänger für den temperaturgeführten Transport und der klassische KÖGEL-Bereich EuroKIPPER bietet Kippanhänger und Kippsattelanhänger für die Bauwirtschaft an.

KÖGEL-Kunden profitieren von der seit Jahren praktizierten modularen Konstruktion und Fertigung, von den identischen Baugruppen aus der speziellen KÖGEL-Baukastenserienfertigung. Ebenso Spezialausführungen für den Coil-, Papierrollen- und Doppelstockladebereich, sowie Fahrzeugkonzepte für den Westeuropaeinsatz oder Lösungen für die hohe Beanspruchung im Osteuropa- und Zentralasientransport. Und nicht zu vergessen: die Wechselpritschen.

KAMAG, dieser Name hat in der Welt den Ruf des Spezialisten für die Entwicklung und Produktion von selbstfahrenden Schwer- und Spezialtransportfahrzeugen.

Unvorstellbare Gewichte von 8.000 Tonnen und mehr, über 50 Meter lange Brückenteile, Bauteile für das amerikanische SpaceShuttle, 1.000 °C Grad heiße Schlacke und meterhohe Schiffsmotoren, das alles wird mit den Spezialfahrzeugen der KAMAG Transporttechnik bewegt und befördert.

Dabei bietet KAMAG nicht nur Produkte für das „Fahren" der Güter, sondern auch komplette logistische Transportkonzepte.

Die KAMAG ist der Spezialist für Schwerstlast-Fahrzeuge.

Unternehmensportrait

Iveco Magirus: Lkw-Kompetenz aus Ulm

Das jährliche Iveco-Absatzpotential stieg auf 190.000 Fahrzeuge

Auf zwei parallelen Montagebändern in drei Arbeitsebenen werden die schweren Lkw von Iveco montiert.

Im Konzernverbund von Iveco, dem zweitgrößten Nutzfahrzeughersteller Europas, ist Iveco Magirus das deutsche Unternehmen mit Sitz in Ulm.

Hier, im Kompetenzzentrum für die schweren Lkw, liegt die zentrale Verantwortung für die Entwicklung und den Bau der Schwer-Lkw ab 16 Tonnen Gesamtgewicht. Darüber hinaus vertreibt das Ulmer Unternehmen die gesamte Angebotspalette von Iveco, sorgt für einen kundengerechten Service und nimmt die Verantwortung für die weltweiten Brandschutzaktivitäten wahr.

Die Tradition des Unternehmens reicht über 130 Jahre zurück: 1864 gründete der damalige Feuerwehrkommandant Conrad Dietrich Magirus ein Unternehmen zur Herstellung von Brandschutzgeräten, in dem insbesondere die Feuerwehrleitern schnell Weltgeltung erlangt haben.

1916 wurde mit dem Bau von Lkw begonnen, 1919 folgte der erste Omnibus. Magirus schloß sich 1935 an den Motorenhersteller KHD an. In erster Linie allradgetriebene Fahrzeuge wurden in den Folgejahren zum Symbol für robuste Qualität und Zuverlässigkeit.

Um in dem härter werdenden Wettbewerb durch eine Bündelung von Finanzkraft, Absatzvolumen und Know-how dauerhaft eine führende Rolle spielen zu können, wurde 1975 aus nationalen Herstellern in Deutschland, Italien und Frankreich – später kamen noch England und Spanien dazu – der erste europäische Nutzfahrzeugkonzern Iveco (Industrial Vehicles Corporation) gegründet.

Heute gehören 20 Produktionswerke und sieben Entwicklungszentren in Europa zu Iveco. Jeder fünfte Lkw auf Europas Straßen kommt aus einem dieser Werke, in denen auch Busse, Brandschutzfahrzeuge und Dieselmotoren produziert werden.

Seit Anfang der neunziger Jahre hat Iveco in einem beispiellosen Erneuerungsprozeß die komplette Fahrzeugpalette mit einem Aufwand von sieben Mrd. DM von Grund auf erneuert. Dabei war es mit Hilfe eines konsequenten Baukastensystems möglich, die Anzahl der Varianten zu vervielfachen und gleichzeitig die Zahl der Einzelkomponenten zu verringern, um die Kosten niedrig zu halten.

Heute ist Iveco über die europäische Dimension hinausgewachsen: Mit Tochterunternehmen und Kooperationen ist das Unternehmen mittlerweile weltweit auf allen Kontinenten, vorrangig auf den Märkten mit hohem Wachstumspotential, vertreten. Damit hat sich in den letzten Jahren das Absatzpotential bereits von 120.000 auf 190.000 Fahrzeuge erhöht.

IVECO

Iveco Magirus AG

Mitglieder des Vorstandes:
Gottfried Mahn, Sprecher des Vorstandes,
Produktion Lkw,
Materialwirtschaft,
Öffentlichkeitsarbeit;
Günter Dürschmied,
Finanzen, Verwaltung, Controlling;
Jürgen Fischer,
Vertrieb Deutschland,
Teilewesen, Brandschutz;
Renzo Montagnani,
Arbeitsdirektor,,
Personal- und Sozialwesen,
EDV und Organisation

Produktion: (1997)
10.500 Einheiten

Umsatz:
2,25 Mrd. DM

Mitarbeiter:
4.600 (incl. Tochterunternehmen)

Produktpalette:
Schwere Straßen-Lkw
EuroStar und EuroTech
Brandschutzfahrzeuge

Werke:
Lkw-Werk Ulm-Donautal,
Kundendienstschule Neu-Ulm,
Ersatzteillager Langenau,
Vertriebszentrale München-Unterschleißheim

Brandschutzwerke:
Ulm, Magirusstraße
Weisweil, Görlitz

Anschrift:
Magirusstraße
89079 Ulm
Telefon (0731) 408-1
Telefax (0731) 408-3199
e-mail: mailbox@iveco.com
http://www.iveco.com

SchapfenMühle

Die SchapfenMühle – Ulms ältestes, noch produzierendes Unternehmen

Rückblick nehmen heißt bei der Schapfen-Mühle, in Jahrhunderten zu denken. 1452 wurde die SchapfenMühle als „Mühlin unter den Fischern am Fischertor" in einer Eisordnung erstmals urkundlich erwähnt. Tatsächlich ist „des Wittingers Mühle", wie sie in der Gesetzes- und Verordnungssammlung der Stadt Ulm, dem „Roten Buch" von 1400, heißt, wesentlich älter. Es gilt als gesichert, daß bereits im 11. Jahrhundert, also zur Zeit der Königspfalz, am Fischertor, an die Mauern der Pfalz angelehnt, ein Müller sein Handwerk betrieben hat. Heute noch geht die Staufermauer durch die ehemalige Mühle hindurch. Dieser Heinrich der Wittinger war im übrigen nicht nur Müller, er besaß neben der Mühle an der Blau auch eine Badestube und beschäftigte einen Bader, einen Reiber und einen Schröpfer. Die Bauern, Bäcker und die Hausfrauen, die zu ihm kamen, konnten nicht nur ihr Korn mahlen lassen, sondern einen ganz umfassenden Service in Anspruch nehmen.
Geht man die 20 SchapfenMüller-Generationen, die alle namentlich bekannt sind, durch, so stößt man 1499 auf einen der Vorfahren der heutigen Besitzerfamilie Künkele – nämlich den Hans Kinkelin. Der Familienname Künkele hat sich also nicht erst seit Carl Künkele 1891 mit dem Hausnamen der SchapfenMühle, der seit 1633 gebräuchlich ist, verbunden.

Aus einem Uracher Mühlengeschlecht stammend, war es der Großvater von Heinz Künkele (heutiger Besitzer und Geschäftsführer der SchapfenMühle), der 1891 die Mühle von einer Witwe Haussmann erwarb und diese Witwe drei Jahre später heiratete.

Die SchapfenMühle an der Blau war somit eigentlich erst in dritter Generation im Besitz der Familie Künkele, als sie an Pfingsten 1983 – bis auf das Wohnhaus und den Getreidesilo am Weinhof – völlig abbrannte.

Es wurde eine Entscheidung für den Bau eines neuen Werkes getroffen – trotz des

Heinz Künkele

Der Autor wurde 1950 geboren und erlernte nach dem Abschluß der Mittleren Reife und der Handelsschule den Beruf des Lebensmitteleinzelhandelskaufmanns. Danach folgten die Müllerlehre und der Besuch der Deutschen Müllerschule in Braunschweig, die er als Mühlentechniker und Müllermeister abschloß.
1972 trat Heinz Künkele in die SchapfenMühle ein, Ulms ältestes noch produzierendes Unternehmen. 1989 übernahm er die Firma von Otto und Carl Künkele.

außerordentlich starken Konzentrationsprozesses und der immer größer werdenden Schere zwischen ständig zurückgehendem Mehlverbrauch und Kostenerhöhungen in Bereichen mit sehr geringem Rationalisierungspotential.

Viele Hände haben sich nach diesem Pfingstsonntag für und im Unternehmen geregt, viele gute Ratschläge wurden gegeben und viele haben fleißig mit angepackt.
Die Stadt Ulm war es dann, die mit sanftem Druck die Fragen einer Aussiedlung schnell – man möchte fast sagen unbürokratisch – zu lösen half. Darunter fielen u. a. die Grundstücksbeschaffung auf der Markung Ulm, die Behandlung schwieriger baurechtlicher Fragen und auch das Problem der Durchleitung von Strom aus dem weiter bestehenden Triebwerk an der Blau durch das öffentliche Netz nach Jungingen.

Zeichnung von Jos. Brenner, Zeichenlehrer in Ulm, um 1850.

SchapfenMühle

SchapfenMühle und Schiefes Haus an der Blau (vor 1916).

in Betrieb. Über vier Stockwerke werden die Warenströme in einem optimalen Produktionsfluß gesteuert. Das angrenzende vollautomatische Hochregallager mit 3.000 Palettenplätzen gewährleistet genügend Stellfläche für das der Kundennachfrage angepaßte Produktsortiment.

Im Rahmen einer gesicherten Qualitätsuntersuchung und -prüfung wird gebacken, kontrolliert und analysiert.

Die SchapfenMühle bringt als leistungsfähiger Veredler von Mehl qualitativ hochwertige Brotback-Kreationen und Füllungen auf den Markt.

In nächster Zeit soll die Einführung neuer Produkte vorangetrieben werden und eine Fokussierung auf Kernprodukte (Reformkost, Backmischungen, Dinkelprodukte) stattfinden.

Die SchapfenMühle fand somit mit dem neuen Bau Aufnahme in den Mauern Jungingens – einem Stadtteil, der Getreideähren im Wappen führt (wie geschaffen also als Standort für eine Mühle, die eben diese Ähren aufnimmt und verarbeitet). Zudem war die örtliche Nähe zu den Erzeugern der Mühlen-Rohstoffe ein gewichtiger Grund für eine Aussiedlung aus dem Stadtkern hinaus auf die Ulmer Alb.

Es bedurfte erheblicher Anstrengungen, das neue Werk zu realisieren und die erste vollcomputergesteuerte Mühle in der Bundesrepublik zu bauen. Drei Bosch-Rechner sind in der Lage, 17.000 Befehle zu verarbeiten und ca. 220 Motoren zu steuern. 90 km Kabel wurden in diesem Werk der Technik verlegt, um 20 verschiedene Mehlprodukte herzustellen. Die SchapfenMühle entwickelte sich seitdem zu einem modernen Unternehmen mit entsprechender Organisationsstruktur, verfügt über eine moderne Versuchsbäckerei und ein perfekt ausgestattetes Labor.

Zum Jahresbeginn 1998 nahm die SchapfenMühle einen Erweiterungsbau mit 30.000 m^3

Die SchapfenMühle heute.

neumatic Elektronik + Kabeltechnik GmbH & Co. KG

Geschäftsführer:
Herbert Neumann
Rainer Neumann

Gründungsjahr:
1940

Mitarbeiter:
ca. 80

Geschäftstätigkeit:
Projektierung und Planerstellung von CAE-Anlagen, Software-Entwicklung allgemein und für SPC-Anlagen, Fabrikfertige Niederspannungsschaltanlagen und Steuerungen, Kabelsysteme und Komplettlösungen für Sonderfahrzeuge und Maschinen, Elektrospezialhandel für Industrie und Handwerk

Kunden:
europaweit

Anschrift:
Magirusstraße 41/51
89077 Ulm
Telefon: (0731) 93593-0
Telefax: (0731) 93593-60
Internet: www.neumatic.de
e-mail: info@neumatic.de

Unternehmensportrait

neumatic – Kabel und viel drumherum

Intelligente Kabelsysteme verbinden, steuern, bewegen

Neumatic-Mitarbeiter verfügen über eine hohe Qualifikation.

Neumatic wurde bereits 1940 in Ulm gegründet; die heutigen Tätigkeitsschwerpunkte lassen sich wie folgt beschreiben:
Projektierung und Bau von Niederspannungsschaltanlagen, Energieverteilungssysteme und Automatisierungstechnik, Systemlösungen für Sonderfahrzeuge und Maschinen im Bereich der Elektroausrüstung und Ausstattung, einschließlich der Kabeltechnik.
Maßgeschneiderte Kabelkonfektion für spezielle Kundenwünsche mit höchsten Ansprüchen an Technik und Qualität. Desweiteren gehört zum Firmenverbund ein Elektrogroßhandel, der sowohl Industrie als auch Handwerk bedient. Hieraus ging 1985 der eigenständige Bereich neumatic Kabeltechnik hervor.
Neumatic beschäftigt zur Zeit ca. 80 Mitarbeiter mit sehr hoher Qualifikation im Inland. Die Firma ist konzernunabhängig und wird innovativ und zukunftsorientiert geführt. Produktionsstätten im Ausland sind für die Zulieferung und für den ausländischen Markt tätig. Zur Feinblechverarbeitung und zum Stahlbau gehören 15 Mitarbeiter, zur elektrotechnischen Fertigungsstätte 65 Mitarbeiter. Durch hohe Verarbeitungsqualität erfüllt Neumatic höchste Ansprüche wie zum Beispiel MIL, DEM, CSA etc..

Die heutige Firmengruppe Neumatic teilt sich in vier Geschäftsbereiche auf:
1. Projektierung und Planerstellung von CAE-Anlagen, Software-Entwicklung allgemein und für SPC-Anlagen.
2. Fabrikfertige Niederspannungsschaltanlagen und Steuerungen.
3. Kabelsysteme und Komplettlösungen für Sonderfahrzeuge und Maschinen.
4. Elektrospezialhandel für Industrie und Handwerk.

Durch die breite der innovativen Produktpalette und die Dynamik im Entwicklungsbereich konnten immer wieder neue Märkte erschlossen werden. Dadurch ist das Unternehmen sowohl national als auch international sehr erfolgreich.
Die Zukunft auf dem Exportsektor wird in Osteuropa liegen, wo bereits vielversprechende Kontakte geknüpft wurden. Eigene Produktionsstätten sind gegründet worden, ein Vertriebsnetz mit ausländischen Partnern ist im Aufbau. Die jahrelange Erfahrung auf dem Gebiet der Produktion und Entwicklung macht die Firmengruppe zu einem absoluten Spezialisten auf diesem Sektor. Der erlesene Kundenkreis zeigt, daß das Unternehmen durch seine Spitzenprodukte höchstes Vertrauen genießt. ■

Unternehmensportrait

ZEBRA Batterien – für eine bessere Lebensqualität in modernen Großstädten

ZEBRA Batterien aus Ulm sind Hochenergie-Stromspeicher für alle mobilen und stationären Anwendungen

ZEBRA

AEG Anglo Batteries GmbH

Geschäftsführer:
Herbert M. Brown
Wilhelm Lerch

Gründungsjahr:
1993

Mitarbeiter:
150 (weltweit)

Geschäftstätigkeit:
Entwicklung, Fertigung und Vertrieb von Batteriesystemen für Elektro-Straßenfahrzeuge und industrielle Anwendungen

Jahresumsatz(1997):
10 Mio. DM

Anschrift:
Söflinger Straße 100
89077 Ulm
Telefon: (07 31) 933-1652
Telefax: (07 31) 933-1852
e-mail: ch.dustmann@zebrabat.com
http://www.zebrabat.de

Die Mercedes Benz A-Klasse in der Elektroversion ist mit der ZEBRA Batterie, Typ Z12 ausgerüstet. Mit einer hervorragenden Beschleunigung und 160 - 200 km Reichweite wird sie der Marktanforderung und dem Komfort gerecht.

Die AEG Anglo Batteries GmbH ist ein Joint Venture Unternehmen, an dem die EHG der Daimler Benz AG Deutschland und die Anglo American Corporation, Südafrika, zu je 50 Prozent beteiligt sind.

Sie entwickelt, fertigt und vertreibt weltweit ZEBRA Batteriesysteme für Elektro-Straßenfahrzeuge und industrielle Anwendungen.

Das Unternehmen stellte im Rahmen eines Pilotprojektes eines Fahrzeugs mit ZEBRA Batterie ca. 500 Batterie-Einheiten her, um die Tauglichkeit für die Massenproduktion zu demonstrieren.

Das Rohmaterial der Elektroden der ZEBRA Batterie besteht aus Nickel (Ni) und Kochsalz (NaCl), die durch einen Elektrolyt aus Keramik getrennt sind. Bei normaler Nutzung – tags fahren, nachts laden – kann die ZEBRA Batterie mit billigem Nachtstrom in ca 4-8 Stunden geladen werden.

Die durchschnittliche Reichweite eines Fahrzeugs mit ZEBRA Batterie beträgt zwischen 150 und 250 Kilometer, und die vernünftige Höchstgeschwindigkeit, die auch Autobahnfahrten problemlos ermöglicht, liegt bei 120 km/h.

ZEBRA Batterien eignen sich für alle mobilen und stationären Anwendungen, die aufladbare Batterien mit mehr als 8 kWh Energieenhalt erfordern. Dabei stehen zunächst Elektroautos, Transporter und Busse im Mittelpunkt des Interesses. Damit steht heute die Technologie zur Verfügung, um im öffentlichen Nahverkehr Busse abgasfrei durch Innenstädte zu fahren. Durch Bremsenergienutzung wird außerdem 20-30% CO_2 Emission gespart. Dabei besteht zum konventionellen Dieselantrieb keine Nutzungseinschränkung.

Die komplette ZEBRA Batterie ist recyclingfähig. Aus dem Material – Nickel und Kochsalz – werden neue Batterien hergestellt. Das Unternehmen garantiert heute schon die Rücknahme sämtlicher Produkte. ∎

Die ZEBRA Batterie der Mercedes A Klasse Elektro. Typ Z12 mit einem Energieinhalt von 30 kWh und einer Spitzenleistung von 56 kW ist besonders gut für einen leistungsstarken Pkw geeignet. Das flache Design mit nur 280 mm Höhe paßt gut mit dem Auto zusammen. Ausgerüstet mit einer Flüssigkeitskühlung kann Verlustwärme und Speicherwärme für die Fahrgastraumheizung genutzt werden. Das integrierte Batteriesteuergerät mit Hauptschütz für die Batterie ist eine wesentliche Sicherheitskomponente. Batterie der Mercedes A Klasse Elektro.

Biotechnologie

BioRegioUlm: kompetent und kooperativ

Die Biotechnologie stellt neben der Mikroelektronik und Computertechnologie eine der Schlüsseltechnologien der Zukunft dar. Durch die Ausschreibung des BioRegio-Wettbewerbs im Jahr 1996 durch das Bundesministerium für Bildung, Wissenschaft, Forschung und Technologie sollte die Biotechnologie durch Stärkung der Kooperation zwischen Wirtschaft und Wissenschaft in den Regionen beschleunigt voran gebracht werden. Die BioRegioUlm hat sich als eine von siebzehn Regionen in Deutschland am Wettbewerb beteiligt.

Universität Ulm, Oberer Eselsberg.

Dr. rer. nat. Gabriele Gröger

Die Autorin wurde 1957 geboren. 1982 erwarb sie ihr Diplom in Chemie, 1989 folgte die Promotion auf dem Gebiet der Nucleotidchemie, Sektion Polymere, Universität Ulm.
1990 wissenschaftliche Mitarbeiterin, Sektion Polymere, Universität Ulm.
1991-1995 Postdoktorandenstipendium im Graduiertenkolleg „Biomolekulare Medizin" / Wiedereinstiegsstipendium an der Universität Ulm.
1996 Wissenschaftliche Mitarbeiterin der TFU GmbH Ulm, Projekt BioRegio.
Seit 1997 Fortführung des BioRegio-Projekts, IHK Ulm, danach beim BioRegioUlm Förderverein Biotechnologie e.V. sowie wissenschaftliche Mitarbeiterin, Sektion Polymere, Universität Ulm, bzw. ab 1998 im Rektoramt der Universität Ulm (DR-1: Forschung, Entwicklung, Wirtschaftskontakte), Schwerpunkt: wissenschaftliche Weiterbildung

„In der BioRegioUlm sind in größerem Umfang biotechnologische Forschungsaktivitäten vorhanden. Das Entwicklungskonzept ist auch wegen der Konzentration von Forschungseinrichtungen unterschiedlichen Profils auf einem Wissenschaftscampus bemerkenswert," so das Urteil der Jury nach Abschluß des Wettbewerbs. Die Universität Ulm als Zentrum der Wissenschaftsstadt Ulm mit ihrem Schwerpunkt im Bereich der Medizin, der Naturwissenschaften und der Ingenieurwissenschaften harmoniert ausgezeichnet mit der pharmazeutisch – medizintechnischen

Biotechnologie

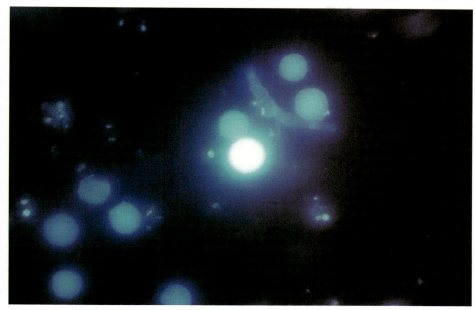

Hybridisierte Oligonucleotidbibliothek mit rekombinantem Protein pIIIcp-FITC, Auflicht mit Grünfilter. (Sektion Polymere der Universität Ulm).

Ausrichtung von Unternehmen in der Region. Hier arbeiten zwei Unternehmen mit bedeutenden Produktionsstätten, an denen zwei von insgesamt nur sechs in Deutschland gentechnisch hergestellten Arzneimitteln produziert werden (zugelassen sind bereits 43 Medikamente).

Der am 23. Juli 1997 in der BioRegioUlm gegründete Verein vertritt die Interessen der Region im Bereich der Biotechnologie. Mitglieder des Vereins sind folgende Unternehmen aus der Region:

- Boehringer Ingelheim Pharma KG, ein weltweit agierendes Unternehmen, das seine Forschungsstätten in Deutschland derzeit in Biberach konzentriert, mit der größten Zellkulturproduktionsanlage Europas,

- Carl Zeiss in Oberkochen im Bereich der Hochleistungsoptik und medizintechnischen Geräte,

- Dr. Rentschler Biotechnologie GmbH in Laupheim, die als erstes Unternehmen in Europa die Zulassung zur Durchführung gentechnischer Arbeiten erhielt,

- Grünau Illertissen GmbH u.a. im Bereich der Lebens- und Futtermitteladditive,

- Labor Dr. Koch /Dr. Merk in Ochsenhausen bei der Impfstoffentwicklung,

- Merckle GmbH in Ulm, der größte Arzneimittelhersteller in Deutschland, sowie

- Vetter Inject System in Ravensburg für sterile Technologien und Ausstattung.

Desweiteren gehören dem Förderverein die Stadt Ulm und weitere Kommunen und Körperschaften der Region, die Universität Ulm sowie die IHK Ulm an. Den Vorstand bilden der Präsident der IHK Ulm, der Rektor der Universität Ulm, der Oberbürgermeister der Stadt Ulm sowie der Hauptgeschäftsführer der IHK Ulm, dem die Geschäftsführung obliegt. Der Verein hat einen wissenschaftlichen Beirat berufen, in dem Vertreter der regionalen Wirtschaft, der Universität Ulm und der AnInstitute Strategien für die Fortentwicklung der BioRegio Ulm festlegen. Eine Koordinierungsstelle im Rektoramt der Universität Ulm ist zentrale Kontaktstelle für Vereinsmitglieder und Informationssuchende.

Die Hauptziele des Vereins sind:

- Kooperation: Unterstützung der Zusammenarbeit zwischen Hochschulen oder Forschungseinrichtungen und Unternehmen in der Region zur Weiterentwicklung des regionalen Forschungspotentials und dessen Umsetzung in marktfähige Produkte durch aktive Vermittlung und Begleitung von Kooperationspartnern,

- Existenzgründung: Beratung, Begleitung und Förderung von Unternehmensgründern aus dem Bereich der Biotechnologie, Zusammenarbeit mit dem Gründerzentrum für Biotechnologie in Ulm,

- Nachwuchsförderung: Kontaktvermittlung zwischen Unternehmen und Nachwuchswissenschaftlern,

- Öffentlichkeitsarbeit und Information: Wissensvermittlung zur Verbesserung der Rahmenbedingungen, Organisation von Veranstaltungen und Präsentationen,

- Kontakte und Vernetzung: Aufbau eines Netzwerkes mit den anderen BioRegionen.

In der BioRegioUlm wurden seit Vereinsgründung vier neue Biotechnologie-Kooperationsprojekte mit einem Projektvolumen von insgesamt 5,3 Mio. DM gestartet (davon ca.

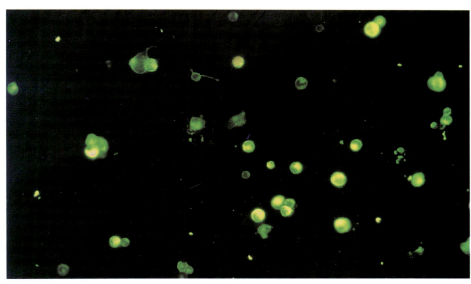

Bild eines Immunofluoreszenzassays eines rekombinanten Proteins (Humaner muskulärer Chloridkanal). (Abteilung Allgemeine Physiologie der Universität Ulm).

Biotechnologie

2 Mio. Fördermittel), für fünf weitere ist derzeit eine Förderung beantragt und drei weitere neue Projekte werden derzeit geprüft.

In den Jahren 1995/1996 fanden sechs Unternehmensgründungen aus der Biotechnologie in der Region statt. In diesen und den bereits bestehenden Unternehmen wurden in den vergangenen beiden Jahren zahlreiche neue Arbeitsplätze geschaffen. Wissenschaftler, die an einer Unternehmensgründung interessiert sind, werden beraten und begleitet. Durch Veranstaltungen wie „Forscher werden Unternehmer", die im April 1998 an der Universität Ulm stattfand, werden Informationen zum Thema angeboten und Beispiele aufgezeigt.

Die BioRegioUlm war auf dem Gemeinschaftsstand des bmb+f „Biostandort Deutschland" auf der BIO '98 in New York vertreten, ebenso auf regionalen Messen und Ausstellungen wie der ITP in Ulm oder der BioInnoBörse in Heidelberg.

Über einen Rundbrief „Aktuelles aus der BioRegioUlm" wird ein interessierter Kreis über Fördermaßnahmen, Veranstaltungen, Kooperationsgesuche, Neuerscheinungen etc. informiert. Zur Information der Bevölkerung wurde auf der Verbrauchermesse „Leben-Wohnen-Freizeit" in Ulm die Ausstellung „Biotechnologie und Gentechnik" gezeigt. Ein Projekt der Universität Ulm mit dem Gymnasium in Wiblingen zur Heranführung von interessierten Schülern an die praktische Arbeit in der Biotechnologie wird vom BioRegioUlm e.V. unterstützt, ebenso die diesjährige Herbstakademie des Zentrums für allgemeine wissenschaftliche Weiterbildung an der Universität Ulm (ZAWiW), die unter dem Thema „Neue Biotechnologien" stand. Über die Koordinierungsstelle steht die BioRegioUlm in ständigem Kontakt zu Ansprechpartnern aus anderen BioRegionen, Ministerien und Einrichtungen, die für bestimmte Bereiche, wie z.B. Finanzierung von Gründungen, Patentsituation, Genehmigungsverfahren u.a. zuständig sind.

Kontakte ins Ausland werden, wie z.B. beim Besuch einer britischen Delegation im Wissenschaftsministerium in Stuttgart, aufgebaut. Ein erster Erfolg ist auch die Gründung einer Niederlassung eines schweizerischen Unternehmens in der BioRegioUlm.

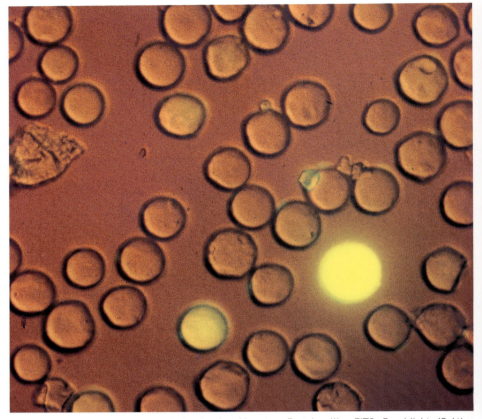

Hybridisierte Oligonucleotidbibliothek mit rekombinantem Protein pIIIcp-FITC, Durchlicht. (Sektion Polymere der Universität Ulm).

BioRegioUlm Förderverein Biotechnologie e.V.
Koordinierungsstelle:

Dr. Gabriele Gröger
Albert-Einstein-Allee 5,
89081 Ulm
Tel.: (0731) 50-22004, Fax: (0731) 50-22016

email: gabriele.groeger@rektoramt.uni-ulm.de
Internet: http://www.bioregioulm.de

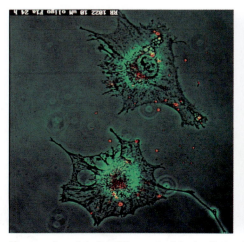 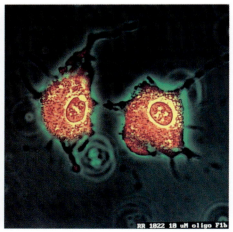 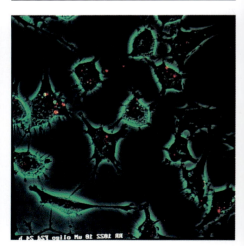

Fluoreszein-gelabelte Oligonucleotide in Ratten-Epithelzellen (RR1022); v.l.n.r. in gesunden Zellen, in absterbenden Zellen, in einer größeren Ansammlung von Zellen. (Sektion Polymere der Universität Ulm und Institut für Lasertechnologien in der Medizin und Meßtechnik an der Universität Ulm).

OSCORNA: Naturdünger für gesunde Pflanzen

Marktführer bietet dem Hobbygärtner naturgerechte Produkte von höchster Qualität für die verschiedensten Einsatzfelder

OSCORNA-DÜNGER GmbH & Co.

Organisch-biologische Düngung

Geschäftsführer:
Horst Mayer,
Josefine Schulmeister

Gründungsjahr:
1935

Mitarbeiter:
59

Geschäftstätigkeit:
Produktion organischer Düngemittel, Mischdünger, Bodenhilfsstoffe, Kompostierhilfen, Bodenverbesserer sowie biologische Pflanzenhilfsmittel

Kunden:
europaweit

Anschrift:
Erbacher Straße 41 (B311)
89079 Ulm-Donautal
Telefon: (0731) 94664-0
Telefax: (0731) 481291

Die Rohwaren-Siloanlage.

Der Grundstein für das heutige Unternehmen OSCORNA DÜNGER GmbH & Co. wurde bereits 1935 gelegt. Als damals in bescheidenem Umfang Hörner und Rinderhufe zu Hornmehl und Hornspänen vermahlen wurden, ahnte noch niemand, welche Bedeutung die organisch-biologische Düngung erlangen würde. Erst zehn Jahre später, als Robert Schulmeister aus dem Krieg nach Ulm zurückkehrte und seine Erfahrungen als Gesellschafter in den Betrieb einbrachte, wurden Fortschritte auf dem Weg erreicht, organische Düngemittel im gewerblichen und auch im privaten Bereich hoffähig zu machen. Allerorts stießen die Mitarbeiter auf die Vorurteile, daß organische Dünger zu teuer und wenig wirksam seien. Die Bauern setzten aus Ertragsgründen auf die künstliche Düngung, ohne darauf zu achten, daß gleichzeitig die Pflanzenkrankheiten und die Verarmung der Böden zunahmen. Robert Schulmeister ließ sich davon nicht beirren, hatte er doch durch eigene Erfahrungen die Überzeugung gewonnen, daß in erster Linie natürliche Produkte dazu in der Lage sind, gesunde Pflanzen wachsen zu lassen und den Boden zu beleben, also neuen Humus zu schaffen.

Heute ist die Marke OSCORNA im Bereich der organischen Mischdünger für den Hobbygarten bundesweit marktführend. Unter der Marke OSCORNA werden natürliche Mischdünger, Bodenhilfsstoffe, Kompostierhilfen, Bodenverbesserer sowie biologische Pflanzenhilfs- und -stärkungsmittel hergestellt und gehandelt. Gleichzeitig liefert das Unternehmen Problemlösungen für die Düngung und Pflege von gewerblichen Nutz- und Zierflächen. Insbesondere auf dem Gebiet der Sportplatzdüngung und -regeneration kommen zunehmend die umweltverträglichen und gleichzeitig kostengünstigen Konzepte zum Einsatz. Grundlage für den betrieblichen Umweltschutz der Firma OSCORNA wurden Leitlinien in Form der nachstehenden Umweltpolitik formuliert. Darin bekennt sich OSCORNA zu seiner Verantwortung für eine nachhaltige Wirtschaftsweise, um folgenden Generationen eine lebenswerte Umwelt zu ermöglichen. Es werden nur Kundenwünsche erfüllt, die im Einklang mit der Natur und dem Umweltschutz stehen. Bei der Produktentwicklung werden Rohstoffe, Verfahren und Materialien vor der Einführung hinsichtlich ihrer Umweltverträglichkeit geprüft. Durch den Verzicht auf umweltbelastende und gesundheitsgefährdende Einsatzstoffe werden Boden und Pflanzen gesund ernährt, gepflegt und geschützt. ■

Unter der Marke «OSCORNA» werden natürliche Mischdünger, Bodenhilfsstoffe, Kompostierhilfen, Bodenverbesserer sowie biologische Pflanzenhilfs- und -stärkungsmittel hergestellt und gehandelt.

Unternehmensportrait

Hochwertige Arzneimittel preiswert von ratiopharm

ratiopharm leistet durch moderne Unternehmens-Philosophie wichtigen Beitrag zur Kostensenkung im Gesundheitswesen

ratiopharm GmbH

Geschäftsführer:
Dr. Susanne Frieß
Andreas Kierndorfer
Dr. Klaus Lichtenberger
Jutta Schnirring

Gründungsjahr:
1974

Jahresumsatz:
über 700 Mio. DM

Mitarbeiter:
ca. 2.000

Geschäftstätigkeit:
Entwicklung, Herstellung und Vertrieb von hochwertigen Arzneimitteln

Pharmakontor Leipzig:
Kommunikations- und Dienstleistungszentrum für den Kundenservice in den neuen Bundesländern

Anschrift:
Graf-Arco-Straße 3
89079 Ulm
Telefon (0731) 402-0
Telefax (0731) 402-7716
Internet: http://www.ratiopharm.de

Die mutige unternehmerische Initiative, die 1974 zur Gründung der ratiopharm GmbH führte, hat den Pharmamarkt in Deutschland grundlegend verändert. Mit ihrer Philosophie, qualitativ hochwertige Arzneimittel kostengünstig zu entwickeln, zu produzieren und unter generischer Bezeichnung preiswert anzubieten, hat ratiopharm einen wesentlichen Beitrag zur Kostensenkung im Gesundheitswesen geleistet und seither Einsparungen in Milliardenhöhe ermöglicht. Die ratiopharm-Initiative hat nicht nur in preislicher Hinsicht Akzente gesetzt; auch in der Bewertung der pharmazeutischen und therapeutischen Qualität von Arzneimitteln wurden neue Maßstäbe geschaffen. Um die Gleichwertigkeit der generischen ratiopharm-Präparate zu beweisen und zu dokumentieren, wurden neue Kriterien und Verfahren für Bioverfügbarkeits- und Bioäquivalenzstudien geschaffen, die wesentliche neue Erkenntnisse im Bereich der Biopharmazie mit sich brachten.

Seit Unternehmensgründung entspricht es der ratiopharm-Philosophie, eine breite Arzneimittelpalette zur Verfügung zu stellen, die in zahlreichen Indikationsbereichen preiswerte Alternativen zu den entsprechenden teuren Originalpräparaten bietet. Derzeit erzielt ratiopharm mit 465 Präparaten in rund 1.100 Packungsgrößen einen Jahresinlandsumsatz von über 700 Millionen DM. Mit jährlich über 110 Millionen verkauften Packungseinheiten gehören ratiopharm-Arzneimittel zu den meistverwendeten Medikamenten in Deutschland und haben dem Unternehmen den Spitzenplatz im deutschen Pharmamarkt gesichert. Seit einigen Jahren ist das Unternehmen auch international tätig und konzentriert sich dabei auf ganz Europa, Asien und Nordamerika.

Jeder zehnte Mitarbeiter ist bei ratiopharm in der Qualitätskontrolle tätig. Qualität, so die Unternehmens-Philosophie, entsteht erst durch die Sorgfalt aller Mitabeiter – von der Forschung bis zum fertigen Arzneimittel.

Forschung heißt bei ratiopharm
· galenische Forschung zur Entwicklung einer stabilen Arzneiform und
· klinische Forschung zum Nachweis der Wirksamkeit und Verträglichkeit eines Arzneimittels.

Wesentlicher Bestandteil der Unternehmens-Philosophie ist der Umweltschutz. Bereits drei Umweltpreise honorieren dieses Engagement, darunter der Umweltpreis der Stadt Ulm 1995. Seit 1996 darf ratiopharm als eines der ersten pharmazeutischen Unternehmen in Deutschland das Umwelt-Logo der Europäischen Union führen. Jährlich wird ein Umweltbericht auf der Grundlage von internen und externen Gutachten erstellt.

Erst die Menschen füllen das Haus mit Leben und setzen die Unternehmensphilosophie tagtäglich in die Praxis um.

Die umfangreiche Palette von Ratiopharm bietet Präparate für ein breites Spektrum von Indikationsbereichen.

Unternehmensportrait

Überzeugungskraft in Preis und Leistung

Vom Querdenker zum Trendsetter – heute betreibt Müller mehr als 300 Filialen in Süddeutschland und den neuen Ländern

Die Firmenzentrale in Ulm-Jungingen.

Als der Firmengründer und Friseursalonbetreiber Erwin Müller gegen Ende der 60er Jahre daranging, seinen neuen Typus von Selbstbedienungs-Drogeriefachmärkten amerikanischen Zuschnitts hierzulande salonfähig zu machen, lag er damit noch recht quer zum etablierten Drogeriewesen.

Wie folgerichtig sein Konzept in die turbulente Zeit paßte, offenbarte sich am verstärkt spürbaren Strukturwandel in der Branche: Während Pionier Müller von seinem Basislager aus, einer ehemaligen Waschküche, eigenhändig seine ersten Filialen belieferte, war für Drogerien althergebrachten Zuschnitts bereits die Uhr abgelaufen.

Müller setzte dagegen konsequent auf Expansion und konnte in seinen Drogerie-Fachmärkten schon bald ein um Handarbeitsartikel und Schallplatten erweitertes Warenangebot präsentieren.

Schon bald war das 1976 in Ulm erstellte Verwaltungs- und Lagergebäude an seiner Kapazitätsgrenze angelangt. Mit Fertigstellung des neuen Logistik- und Verwaltungszentrums in Ulm-Jungingen mit fast 100.000 qm Lagerfläche wurden 1982 die Voraussetzungen für den weiteren Siegeszug geschaffen. Heute betreibt Müller über 300 Filialen im gesamten süddeutschen Raum und in den neuen Bundesländern.

In den Müller-Fachkaufhäusern haben sich daneben die Bereiche Parfümerie, Tonträger, Handarbeitsutensilien sowie auch Schreib- und Spielwaren sowie Fachabteilungen für Strümpfe, Chosen und Heimtextilien etabliert.

Mit seinem Drogeriewaren-**Vollsortiment** ist Müller zum Synonym für ein verbraucherorientiertes Angebotskonzept geworden. So hat der traditionelle Bereich Drogerie den Geruch von Kernseife längst hinter sich gelassen; wie in allen Müller-Abteilungen findet sich auch hier ein stimmiges Verhältnis von erlesener Auswahl und solider Markenqualität.

Kundennähe wird bei Müller nicht nur durch eine hohe Dichte an Filialen praktiziert, auch in bezug auf das aktuelle und verfügbare Warenangebot haben sich kurze Wege und ein offenes Ohr für Trends und Kundenwünsche bewährt. So trifft beispielsweise im Tonträgerbereich „Müller for music" mit über 30.000 aktuellen CD's und MC's aus Rock, Pop, Klassik und Jazz den Geschmack eines anspruchsvollen und breiten Publikums.

Für die ständige Verfügbarkeit von mehr als 100.000 Bestandsartikeln des Müller-Gesamtsortiments ist eine ganze LKW-Flotte rund um die Uhr im Einsatz.

Müller-Filiale in der Ulmer Innenstadt.

Müller GmbH & Co. KG

Geschäftsführer:
Erwin Müller,
Reinhard Müller,
Lieselotte Tegethoff

Prokura:
Wolfgang Sigel,
Rainer Müller,
Gerhard Kramer

Mitarbeiter:
über 12.000 (überwiegend Fachkräfte)

Auszubildende:
ca. 275

Gesamtzahl Filialen:
315

Abteilungen/Fachmärkte:
277 x Drogerie
72 x Handarbeiten
179 x Tonträger
126 x Parfümerien
68 x Spielwaren
83 x Schreibwaren
6 x Friseursalons

Anschrift:
Albstraße 92
89081 Ulm-Jungingen
Telefon: (0731) 174-0
Telefax: (0731) 174-174

Freizeit und Wohnen

Ulm – eine Stadt mit Atmosphäre, in der Lebensqualität und Wohnwert groß geschrieben werden

Ulm ist eine Stadt von sympathischer Vielfalt. Shopping in der City, Bummeln im Fischerviertel, Kneipen, Cafés und Gemütlichkeit sind einige Facetten dieser Stadt. Wissenschaftsstadt mit Universität, wissenschaftlichen Instituten und Science Park ebenso wie zukunftsweisende Industriebetriebe und Dienstleistungsunternehmen sind ein anderer Aspekt. Und schließlich die vielfältigen und zum Teil pittoresken Wohnquartiere, vernetzt mit großzügigen Grünbereichen: Alles dies zusammen bildet eine Stadt mit Atmosphäre, in der Lebensqualität und Wohnwert groß geschrieben werden.

Stadtgestaltung und Wohnwert

Als bedeutsame Rahmenbedingungen der Kommunalpolitik erweisen sich Veränderungen in den Wertvorstellungen der Bevölkerung. Die höhere Bedeutung immaterieller Werte und Wünsche nach individueller Selbstverwirklichung führen auch zu einer stärkeren Orientierung an wohnumfeldbezogenen und ökologischen Qualitäten. Trotz Pluralisierung der Lebensstile gewinnt das Interesse an städtebaulichen Qualitäten, architektonischer Formensprache und Wiederentdeckung des öffentlichen Raumes zunehmend an Bedeutung. Für die Stadtentwicklungspolitik bedeutet dies, daß der Gestaltungsauftrag des Städtebaues künftig noch konsequenter realisiert werden muß. Viele städtebauliche Konzepte der Vergangenheit haben dazu geführt, daß Begriffe wie soziale Kommunikation und Identifikation mit dem Wohnort zu Fremdworten wurden.

Städtebau und Stadtgestaltung müssen stattdessen durch die bauliche Ausformung des Ortes die Voraussetzung schaffen, daß Lebensqualität und Wohnwert zu ihrem Recht kommen.

Diese Überlegungen haben in Ulm bereits in den 80er Jahren Eingang in die Stadtentwicklungspolitik gefunden. Ausgangspunkt unseres Planungsverständnisses ist die Prämisse, durch räumliche und funktionale Gestaltung die Entstehung von Urbanität zu schaffen, um so den Grundstein zu legen für ein harmonisches Zusammenleben der Menschen.
Dies gilt für die Innenstadt ebenso wie für die einzelnen Wohnquartiere.

Alexander Wetzig

Der Autor wurde 1947 geboren, 1966 Abitur, 1968 - 1970 Studium der Kunstgeschichte in München; Studium der Architektur an der TU München; Mitarbeiter im Büro für Städtebau, Prof. Peter Breitling, München; 1976 - 1978 Baureferendariat in München; 1978 - 1984 Oberste Baubehörde im Bayerischen Staatsministerium des Innern, München; 1984 - 1985 Abteilungsleiter bei der Regierung von Oberbayern, München; 1985 - 1991 Leiter des Stadtplanungsamtes der Stadt Ulm, seit Mai 1991 Bürgermeister für Stadtentwicklung und Umwelt Ulm.

Das Herz Ulms

Die Innenstadt ist das Herz Ulms. zentraler Standort für Handel und Dienstleistung, Freizeit, Kultur und Wohnen. Die Ulmer Innenstadt spiegelt das Bild von „Stadt" schlechthin wider. Dichte, Atmosphäre – dies sind die bestimmenden Faktoren ihrer Struktur.

Die Innenstadt ist deshalb selbst Gegenstand und Ziel aktiver Stadtentwicklungspolitik, zentrales kommunalpolitisches Handlungsfeld. Mit dem vom Gemeinderat Ulm 1985 beschlossenen „Stadtqualitätsprogramm" wurde dazu eine grundlegende Weiche gestellt mit dem Ziel, die Ulmer Innenstadt aufzuwerten, ihre Attraktivität zu erhöhen. Bei der in 1994 abgeschlossenen Neugestaltung des westlichen Münsterplatzes als dem bedeutendsten Baustein des Stadtqualitätsprogramms ist dies für den öffentlichen Bereich in beispielhafter Weise mit höchster Qualität gelungen.

In der Ulmer Altstadt.

Freizeit und Wohnen

Ulm aus der Vogelperspektive.

Das Bild der Innenstadt ist allerdings von gegenläufigen Tendenzen geprägt: während der öffentliche Raum an wesentlichen Schlüsselstellen entscheidende neue Impulse erhielt, verlor Ulm als Handelsstadt gleichzeitig an Anziehungskraft.

Die Konkurrenz des Umlandes, eine abnehmende Vielfalt des Angebots und weiter vorhandene städtebauliche Defizite waren die Hauptgründe hierfür.

Es gilt daher, die Programmpolitik für die Innenstadt fortzuführen. Ziel muß es sein, das Flächenangebot für den Einzelhandel zu erhöhen und die attraktiven Geschäftslagen in die Randbereiche hinein zu erweitern. Entlang der Fußgängerzone werden an verschiedenen Stellen Potentiale entwickelt, um auch großflächigen Anbietern den Einzelhandelsstandort Innenstadt zu sichern. Die Fußgängerzone wird durch ein System vernetzter Fußwege ergänzt, die Anbindung der Parkhäuser an die zentralen Lagen attraktiviert. Hierdurch werden auch kleineren und mittleren Einzelhandelsbetrieben mit spezialisiertem Angebot gute Entwicklungsmöglichkeiten gegeben.

Zur Erschließung der neuen Baublöcke eignen sich in idealer Weise Galerien und Passagensysteme. Die lichtdurchfluteten Räume mit hoher Aufenthaltsqualität laden bei jeder Witterung zum Bummeln und Verweilen ein.

Konzept Ulmer Plätze

Parallel zur Verbesserung des Einzelhandelsangebotes wird in der Innenstadt der öffentliche Raum aufgewertet, Plätze und Straßen werden neu gestaltet.

Städtische Plätze waren in der stark verdichteten Stadt seit alters her Freiräume für Handel und Handwerk, sie dienten als Repräsentations- und Versammlungsraum und waren Gliederungselement im Stadtgrundriß. Immer waren die Plätze ein Ort des öffentlichen Lebens.

Heute werden unsere Plätze durch parkende Autos belegt.
Handelsplatz ist das Geschäftshaus in der Fußgängerzone. Nur der wöchentliche Markt auf wenigen Plätzen konnte sich gegen den immer stärker werdenden Parkdruck behaupten. Der Erlebniskauf, der Stadtbummel als Freizeitbeschäftigung, die Auf-wertung des Wohnens in der Innenstadt, die Innenstadt als Ort für den Städtetourismus – sie alle brauchen wieder den Freiraum in der Stadt, brauchen den Platz als den Ort für das öffentliche Leben, den Platz zum Ausruhen während des Einkaufs und nach Feierabend, brauchen den Platz zum Spielen für die Kinder.

Eine Verlagerung des ruhenden Verkehrs in neu erstellte Tiefgaragen und die Neuordnung der verbliebenen Stellplätze sind die ersten wichtigen Maßnahmen. Die Neugestaltung der Platzoberflächen, Pflanzung von Bäumen und die Schaffung von Möglichkeiten zur Außenbewirtschaftung durch Cafés und Gaststätten sind weitere wichtige Bausteine zur Verbesserung der Aufenthaltsqualität.

In herausragender Weise zeigt der fertiggestellte Münsterplatz, welche Qualitäten städtische Plätze aufweisen können. Neu gestaltet dient er

Marktplatz.

Freizeit und Wohnen

großen Veranstaltungen, zieht aber auch alltägliche Besucher an. Im Randbereich laden Sitzplätze zum Verweilen ein; ein Platz für Kommunikation im Großen wie im Kleinen. Oder der Marktplatz: Er hat sich zu einem beliebten Treffpunkt der Jugend entwickelt, an schönen Sommerabenden mit beinahe südländischer Atmosphäre.

Kommunale Wohnungsbaupolitik

Ging man noch bis Ende der 80er Jahre davon aus, daß der Wohnungsmarkt gesättigt ist und Wohnungsneubau in nennenswertem Maße nicht mehr stattfinden würde, schlug das Pendel in den

Wohngebiet Eselsberg-West.

beginnenden 90er Jahren zur Gegenseite aus und bescherte fast allen bundesdeutschen Städten eine stürmische Nachfrage nach Wohnungen.

Die Stadt Ulm hat sich dieser Aufgabe rechtzeitig gestellt und durch eine konsequente kommunale Wohnungspolitik die Grundlage für einen ausgeglichenen Wohnungsmarkt gelegt. Eine zügige Baulandbereitstellung bei gleichzeitiger Sicherung von Quartieren mit preisgünstigem Wohnraum sind die Schlüsselbegriffe dieser Strategie. Mit weit über 1.000 fertiggestellten Wohnungen pro Jahr nimmt die Stadt Ulm unter allen Gemeinden Baden-Württembergs eine Spitzenstellung ein.

Es geht jedoch nicht nur darum, Wohnbauflächen in ausreichendem Maße bereitzustellen, sondern auch um die Sicherung gestalterischer Qualitäten im Wohnungsbau. Die „qualitätvolle Stadterweiterung" ist zu einem wichtigen Begriff der Ulmer Wohnungspolitik geworden.

Die Realisierung hochwertiger Siedlungskonzepte soll dabei beispielgebend sein für die gesamte Wohnungsbautätigkeit in Ulm. In diesem Sinne wurden Architektenwettbewerbe und Gutachterverfahren für Teilbereiche neuer Wohngebiete ausgeschrieben, die durchweg zu erkennbar guten Ergebnissen geführt haben. Ebenso beispielgebend war die Einschaltung erfahrener auswärtiger Architekten, die sich im Wohnungsbau durch anerkannte Projekte ausgewiesen haben.

Im folgenden werden einige dieser herausragenden Siedlungen vorgestellt.

Die Siedlung Eichberg

Einen ganz besonderen Akzent setzt diese Wohnanlage am Eichberg, entworfen vom renommierten Schweizer Architekten Rolf Keller.

Die Idee: Die Wohnanlage ist als Einheit konzipiert und nicht auf Erweiterung angelegt. Sie bleibt ein kleines, unverwechselbares Stadtquartier mit städtischem und natürlichem Flair. Sparsamer Umgang mit den Flächen durch eine verdichtete Bauweise bei gleichzeitig hoher Gestaltungsqualität von öffentlichen und privaten Bauten ist die Zielsetzung. So entstehen auf einer Fläche von 8,7 ha ca. 600 Wohnungen, überwiegend im Geschoßwohnungsbau.

Wohnen für sich und Zeit haben füreinander – das ist die Idee. Verwirklicht wurde sie in vielgestaltigen Räumen von hoher Qualität: einem Ensemble von Häusern, Plätzen und Straßen, die zum gutnachbarlichen Wohnen und zur geselligen Begegnung einladen.

Entstanden ist ein zukunftsweisendes Wohnprojekt mit einer eigenen Formensprache: Spannung und Harmonie in gleichem Maße. Seinen besonderen Reiz gewinnt das Wohnquartier durch die Lage im Übergangsbereich von Stadt und umgebender Landschaft.

Wohngebiet Eselsberg-West

Auf 43 ha ist am Eselsberg ein neuer Stadtteil entstanden, in dem einmal 4.000 Menschen leben werden. In enger Nach-barschaft zur Universität und der Forschungslandschaft auf dem Oberen Eselsberg ist ein beispielhaftes Wohnquartier „aus einem Guß" entstanden, das trotz hoher Verdichtung individuelles Wohnen ermöglicht. Die Südhanglage sorgt für Sonne und den Ausblick ins Blautal. Der westliche Eselsberg ist das erste Neubaugebiet der Stadt, in dem die Nutzung der Sonne bereits in der planerischen Grundidee enthalten ist: Die Häuser sind nach Norden hin geschlossen und öffnen sich nach Süden für Balkone, Terrassen und große Fensterflächen.

Zielsetzung des städtebaulichen Entwurfs war es, eine einfache, klar geordnete städtebauliche Konzeption zu entwickeln, die leicht ablesbar und

Siedlung Ochsensteige.

Freizeit und Wohnen

einprägsam ist. Diese Klarheit und Ordnung ist auch im Gebiet selbst, in der Gestaltung der Straßen und Freiräume und in der Gestaltung der Gebäude spürbar.

Siedlung Ochsensteige

Innerhalb des neuen Stadtteils bildet die Siedlung Ochsensteige ein eigenständiges Quartier. Zwischen zwei Grünflächen eingebettet ist eine Wohnanlage entstanden, die nach den Kriterien flächensparender und umweltschonender Zielsetzungen entwickelt wurde.

Die Siedlung ist als Reihenhausbebauung konzipiert und enthält neben Reihenhäusern zur Miete und als Eigentum auch Sozialwohnungen. Autofreie Wohngassen erleichtern die Kommunikation der Bewohner und ermöglichen gefahrloses Spielen für Kinder. Die Gebäude konzentrieren sich zu drei Gruppen. Während die Mietwohnungen von den Plätzen erschlossen werden, sind die Reihenhäuser über die Wohngassen zu erreichen. Der ruhende Verkehr ist in zwei Tiefgaragen untergebracht.

Die Reihenhäuser erstrecken sich entlang dreier Zeilen. Jedes Haus besteht aus vier Etagen inklusive Dachgarten. Es besteht die Möglichkeit, mit einfachen Maßnahmen eine Einliegerwohnung abzutrennen oder zuzuschlagen. Dies ermöglicht ein Wachsen und Schrumpfen des Hauses, das damit der jeweiligen Familiengröße angepaßt werden kann.

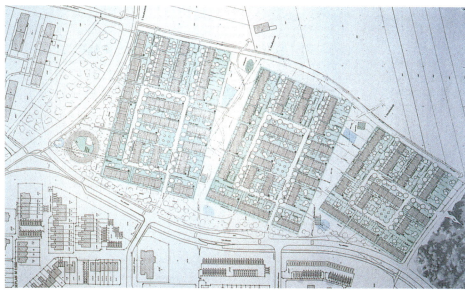
Wohngebiet in Ulm-Wiblingen: Plan Wettbewerbssieger.

Kosten- und flächensparendes Bauen in Ulm-Wiblingen

Die laufende Veränderung gesellschaftlicher Situationen und Werte macht eine permanente Weiterentwicklung der Ulmer Wohnungspolitik erforderlich. Der zukünftige Wohnungsbau muß neben dem weiterhin bestehenden Neubaubedarf verstärkt die sozialen Veränderungen der Gesellschaft, die erhöhten Anforderungen an die Umwelt und insbesondere die Kostenseite des Bauens berücksichtigen.

Die Stadt Ulm ist deshalb angetreten, ein Reihenhaus mit ca. 100 m^2 Wohnfläche inklusive sämtlicher Erschließungs- und Grundstückskosten für unter 300.000 DM zu entwickeln. Hierdurch soll auch Haushalten mit geringem Einkommen die Bildung von Wohneigentum ermöglicht werden. Ziel ist nicht ein „Billighaus", sondern die Entwicklung eines neuen Produktes „Haus", das umweltbewußtes, wirtschaftliches und qualitätvolles Wohnen miteinander vereint.

Im Vordergrund steht dabei ein ganzheitlicher Ansatz: Von der städtebaulichen Planung bis hin zum Ausstattungsdetail am Haus sollen sämtliche Möglichkeiten zur Kostenreduktion genutzt, gleichzeitig aber eine hohe städtebauliche und Wohnumfeldqualität geschaffen werden.

Realisiert werden soll das neue Wohnquartier im Stadtteil Wiblingen. Geplant sind ca. 500 Wohneinheiten. Aufgrund des ganzheitlichen Ansatzes, des geplanten Einsatzes vorgefertigter Elemente sowie des methodischen Vorgehens ist das Vorhaben ein Pilotprojekt des Landes Baden-Württemberg.

Liegenschaftliche Aktivitäten

Unterstützt werden die Maßnahmen einer „qualitätvollen Stadterweiterung" durch liegenschaftliche Aktivitäten, die eine Preisdämpfung beim Bodenmarkt zum Ziel haben.

Die Stadt Ulm hat in den vergangenen Jahrzehnten stets eine aktive Grundstückspolitik als vordringliche Aufgabe zur Erreichung einer ausreichenden Wohnungsversorgung betrachtet.

Studentenwohnhaus im neuen Stadtteil Eselsberg.

Freizeit und Wohnen

Durch die Strategie, künftiges Bauland grundsätzlich durch die Stadt zu erwerben, kann auf den Baulandmarkt regulierend eingegriffen werden und die Vergabe von Baugrundstücken nach kommunalen Kriterien erfolgen. Als Ergebnis hat sich das Bauland in Ulm weniger stark verteuert als in anderen Städten.

Umnutzung ehemaliger Kasernenflächen

Angesichts der verstärkten Notwendigkeit einer umweltverträglichen Flächennutzung gewinnen die bestehenden Siedlungsbereiche noch stärkere Bedeutung als bisher. Der Begriff der „städtebaulichen Innenentwicklung" ist zu einem wichtigen Leitmotiv für die Stadtentwicklungspolitik geworden.

Als ein wesentlicher Baustein stellt sich die Umnutzung von Kasernenflächen dar. In Ulm wird zur Zeit die ehemalige Boelckekaserne zum Wohnpark Römerstraße entwickelt. Es soll ein Stadtquartier entstehen, das sich in die bestehende Struktur einbindet und die vorhandenen Einrichtungen weiter ergänzt. Unterschiedliche Eigentumsformen sollen den vielfältigen Bedürfnissen differenzierter Wohn- und Lebensformen gerecht werden. Wohnen und Arbeiten in unmittelbarer Nachbarschaft und neue Arbeitsformen, die auf Telekommunikation aufbauen, sollen die Entwicklung zum Televiertel ermöglichen.

Großzügige Grün- und Spielflächen und ein dichtes Fußwegenetz werden das Erscheinungsbild bestimmen. Herauszuheben sind auch Maßnahmen zur Reduzierung der Umweltbelastung: Von der Anbindung an das ÖPNV-Netz über die Nutzung von Regenwasser in Zisternen bis hin zur Nutzung von Solarenergie soll ein beispielhaftes Quartier entstehen.

Den Kern der Anlage bilden fünfgeschossige Punkthäuser als freistehende Stadtvillen, ergänzt durch Reihenhauszeilen in Form von Stadthäusern. Ein Handwerkerhof, ein Stadtteilzentrum mit Supermarkt und weitere kleine Läden sowie ein breites Dienstleistungsangebot sollen ein Quartier mit starker Nutzungsmischung entstehen lassen.

Altes bewahren und Neues schaffen

Kommunale Städtebaupolitik umfaßt nicht nur das Schaffen neuer Strukturen, sondern auch die Bewahrung der städtebaulichen Eigenheit. Behutsame Stadterneuerung sowie Sicherung und Pflege des Wohnungsbestandes sind wichtige Aspekte, die das Erscheinungsbild der Stadt prägen.

Behutsame Stadterneuerung in der Ulmer Altstadt.

In Ulm ist das Thema Sanierung bereits seit vielen Jahren in der Stadtentwicklungspolitik fest verankert. Dabei wurde stets versucht, ein ausgewogenes Verhältnis zwischen der Darstellung der Vergangenheit und der Gegenwart zu finden. Das Ziel, erhaltenswerte Strukturen und den alten Stadtgrundriß zu bewahren, steht dabei gleichwertig neben dem Bestreben, auch modernem Bauen Raum zu geben. Historisch gewachsene mittelalterliche Strukturen, aber auch Gründerzeitviertel sind behutsam an die neuen Erfordernisse und Standards angepaßt worden. Die Schaffung moderner und zeitgemäßer Wohnformen, eine Aufwertung des Wohnumfeldes durch den Bau der notwendigen Infrastruktur, durch Begrünungs- und Straßengestaltungsmaßnahmen sind Bauteile, die städtebauliche Qualitäten und damit auch Lebensqualität für jeden Bürger schaffen. Das Fischerviertel und das Viertel „Auf dem Kreuz" sind Bereiche, wo die Besucher gerne hingeführt werden, um erfolgreiche Stadterneuerungsmaßnahmen zu zeigen.

Freizeit und Wohnen

Auf dem Kreuz.

Freiraumqualitäten

Wohnen ist mehr als Vorhandensein einer schönen Wohnung. Wohnqualität definiert sich auch über ein Freizeit- und Naherholungsangebot im Umfeld. Gelegenheiten zu Sport und Spiel in Wohnungsnähe sind ebenso unverzichtbar wie Erholungsmöglichkeiten in der näheren und weiteren Umgebung. Erst diese Mischung bestimmt den Wohn- und Freizeitwert einer Stadt.

Besondere Bedeutung kommt den innerstädtischen Grünflächen und siedlungsnahen Freiflächen und deren gegenseitiger Verknüpfung zu. Der siedlungsnahe Freiraum muß dabei sowohl hinsichtlich seiner Freizeit- als auch seiner ökologischen Funktion entwickelt werden. Dies ist um so notwendiger, als sich auch im Freizeitverhalten in den letzten Jahrzehnten ein Wandel der Verhaltensmuster ergeben hat. Immer mehr Bürger betätigen sich sportlich, wobei Sport und Spiel immer häufiger außerhalb der eigentlichen (Vereins-)Sportstätten stattfinden.

Die landschaftliche Situation Ulms ist geprägt durch das Zusammentreffen der großen naturräumlichen Einheiten von Schwäbischer Alb und Donautal. Die Täler von Donau, Iller, Blau und Weihung stellen quasi das Rückgrat der Ulmer Landschaft dar. Der engere Stadtbezirk Ulms ist trotz baulicher Überformung nach wie vor charakterisiert durch vielfältig erhaltene naturnahe Landschaftsstrukturen und innenstadtnahe Grünflächen. Diese sind als Freiflächensystem der Stadt erkennbar, das wohnungsnahe Erholungsräume bietet, die nach außen jeweils Anschluß an die freie Landschaft finden.

Der Schutz der offenen Tallagen ist eine der vorrangigsten Aufgaben der Stadt- und Landschaftsentwicklung in Ulm. Schutz allein ist aber längst nicht mehr ausreichend, vielmehr sind die Mehrzahl der Tallagen heute als Bereiche anzusehen, in denen die Landschaftsrenaturierung, der Rückbau störender Nutzungen und die Landschaftsgestaltung notwendig sind.

Die Stadt Ulm hat deshalb in einem „Tälerkonzept" Entwicklungsmaßnahmen erarbeitet. Aufbauend auf ökologischen Potentialen wurden Ziele zur Landschaftsgestaltung definiert. Anschließend wurde für jedes Tal ein Leitbild erstellt, in dem eine eigene Identität, ein eigenes Gesicht entwickelt wurde, an dem sich die Maßnahmen orientieren sollen. In einem Umsetzungsprogramm sollen sie Schritt für Schritt realisiert werden.

Aber auch zwischen den Tälern gibt es wichtige Landschaftsbereiche, die neben der Land- und Forstwirtschaft auch der Erholung dienen sollen. Auch hier erfolgt durch Maßnahmen zur Landschaftsentwicklung eine Aufwertung zu attraktiven Freiraumbereichen.

Donaufest '98, Bühne am Ufer.

Tourismus

Attraktives Reiseziel, regionaler Messeplatz und gefragter Tagungsort – Städtetourismus als Wirtschaftsfaktor

Ulm hat sich in den vergangenen Jahren immer mehr zu einem attraktiven Touristenziel, bedeutenden regionalen Messeplatz und gefragten Standort für nationale und internationale Tagungen und Kongresse entwickelt. Die zentrale, verkehrsgünstige Lage, namhafte Unternehmen, Hochschulen und Neubauten im Hotel- und Tagungsbereich haben hierzu maßgeblich ihren

Wolfgang Dieterich

Der Autor, Jahrgang 1964, absolvierte nach dem Studium der Touristikbetriebswirtschaft (FH) ein Auslandsstudienjahr „European Tourism Management" an Hochschulen in Großbritannien, den Niederlanden und Frankreich. Vier Jahren beruflicher Tätigkeit als Verkehrsamtsleiter in Hornberg/Schwarzwaldbahn folgte 1995 die Berufung zum Geschäftsführer der Ulm/Neu-Ulm Touristik GmbH, einer gemeinsamen Gesellschaft beider Donaustädte.

Beitrag geleistet. So stieg alleine die Bettenkapazität in Ulm von 1.342 (1992) auf mittlerweile 2.485 (1997).

Ökonomisch betrachtet schlagen die 325.000 Übernachtungen, die 1997 in Ulm registriert wurden, und die knapp sechs Millionen Tagesgeschäfts- und Tagesausflugsreisen in die Münsterstadt mit einem Gesamtumsatz von rund 365 Millionen DM (brutto) zu Buche. Der Beitrag des Tourismussektors zum lokalen Volkseinkommen dürfte sich somit bei etwa 2,5 % bewegen. Die Anzahl der Beschäftigten, die direkt in Hotellerie und Gastronomie oder indirekt in anderen Dienstleistungsbereichen vom Tourismus abhängig sind, liegt bei einem aufgrund von Kennzahlen ermittelten Wert von 900 bis 1.000. Die touristische Bedeutung Ulms liegt damit sicher deutlich unter der von Heidelberg, Würzburg oder Freiburg, lässt jedoch jene der von der Einwohnerzahl her vergleichbaren Städte wie Heilbronn, Reutlingen, Pforzheim oder Ingolstadt mit großem Abstand hinter sich.

Ulms Altstadt und Münster (161,6 m).

Tourismus

MS „Ulmer Spatz".

Worin ist die touristische Attraktivität Ulms begründet?

Zuallererst fallen einem sicher immer zuerst das Ulmer Münster mit dem höchsten Kirchturm der Welt, die Donau oder ein bekannter Zungenbrecher ein. Die Ulmer Altstadt, deren erhaltene historische Gebäude in den vergangenen Jahren wieder prächtig herausgeputzt wurden, bietet mit ihren schönen Brunnen, attraktiven Geschäften und einer wachsenden Anzahl von Straßencafés eine angenehme Atmosphäre zum Bummeln. Das malerische Fischer- und Gerberviertel an der Blau, die alte Stadtmauer entlang der Donau mit dem schiefen Metzgerturm und die bunten Fassaden des Rathauses mit seiner astronomischen Uhr sind die Hauptanziehungspunkte für Touristen und Bestandteil einer jeden Stadtführung.

Ein besonderer Erlebnisraum ist der Münsterplatz mit dem strahlend weißen, modernen Stadthaus des New Yorker Stararchitekten Richard Meier in Nachbarschaft des Ulmer Münsters, das zahlreiche spätgotische Kunstschätze birgt. Mehr als 600.000 Besucher jährlich betrachten das Innere des Münsters, wo als herausragende, mittelalterliche Werke besonders das Chorgestühl von Jörg Syrlin dem Älteren, Hans Multschers Skulptur „Schmerzensmann" und die bunten Glasfenster von Hans Acker und Peter von Andlau Bewunderung erfahren. Nicht jeder Münsterbesucher nimmt jedoch die körperliche Anstrengung einer Turmbesteigung mit 768 Stufen bis zur obersten Aussichtsplattform in Kauf - wenngleich sich die Aussicht auf die Städte Ulm und Neu-Ulm, die Donau und das Umland in jedem Fall lohnt! Bei günstiger Wetterlage sind sogar die Bergketten der Alpen zu sehen.

Weniger bekannt, aber doch augenfällig für Besucher der Stadt, sind die imposanten Gebäude und Anlagen der ehemaligen Bundesfestung Ulm, der größten erhaltenen Festungsanlage Europas aus dem 19. Jahrhundert. An vielen Orten beiderseits der Donau trifft man auf deren Mauern, Tore, Bastionen und Zitadellen. Die Klosteranlage im Stadtteil Ulm-Wiblingen stellt mit ihrer spätbarocken Basilika und dem prächtigen Rokoko-Bibliothekssaal einen der Höhepunkte entlang der Touristik-Route „Oberschwäbische Barockstraße" dar. Viele Spezialprogramme für Touristengruppen beziehen von Ulm aus das barocke Umland, die Naturschönheiten der Schwäbischen Alb oder das mittelalterliche Blaubeuren mit seinem Kloster mit ein.

Ulm als traditionsreiche Kulturstadt bietet Kunst- und Kulturinteressierten ein vielfältiges und gehaltvolles Programm: Neben dem Ulmer Theater mit seinen überregional beachteten Inszenierungen behauptet sich als Kleinbetrieb das „Theater in der Westentasche" als

Bibliothekssaal im Kloster Wiblingen (Oberschwäbische Barockstraße).

Tourismus

Cicero im Chorgestühl des Münsters von Jörg Syrlin d. Ä..

Experimentierbühne. Gastspiele bedeutender Solisten und Ensembles aus aller Welt ergänzen das rege Musikleben der Münsterstadt. Bemerkenswert lebendig ist die alternative Jugend-Szene, wie sie beispielsweise im „Roxy", beim Festival „Ulmer Zelt" oder in diversen Cafés, Musikkneipen und Festungsgemäuern gepflegt wird. Ulmer Museum, Deutsches Brotmuseum, Naturkundliches Bildungszentrum sowie öffentliche und private Sammlungen bieten eine große Auswahl sehenswerter Kostbarkeiten aus allen Epochen und interessante Wechselausstellungen. Seit 1995 fasst der „Museums-Pass Ulm/Neu-Ulm" die acht wichtigsten Museen und Sammlungen der beiden Donaustädte in einem preisgünstigen Gutscheinheft samt Begleitprospekt zusammen. Ebenfalls inbegriffen ist dabei das vielbesuchte Ulmer Aquarium mit Tropenhaus in der Parkanlage Friedrichsau. Eine weitere Ulmer Besonderheit ist der Kunstpfad Universität am Oberen Eselsberg, auf dessen 1,5 km langem Rundweg mehr als 60 Großplastiken und Wandgestaltungen von zum Teil weltbekannten Künstlern zu sehen sind.

Nicht zu vergessen ist die gastronomische Kultur in Ulm. Wohl in der Tradition der Garnisonsstadt begründet sein dürfte die angeblich höchste Gaststätten- und Kneipendichte in Süddeutschland. Das Angebot an Weinstuben und Restaurants, an Bierlokalen und Cafés ist vielseitig, gut und im weiten Umkreis konkurrenzlos. Von schwäbisch-deftig bis international-raffiniert reicht die Palette der gastronomischen Möglichkeiten. Im romantischen Fischerviertel findet der Gast eine Vielzahl an Restaurants mit schwäbischer Küche und historisch-ulmischem Interieur.

Typisch Ulm – Einstein, Schneider, Spatz, Gulden und HfG

Was viele nicht wissen: Albert Einstein, der weltbekannte Physiker, ist 1879 in Ulm geboren. Zwar fiel sein Geburtshaus in der Bahnhofstraße dem Bombenhagel von 1944 zum Opfer, aber ein lustiger Brunnen am ehemaligen Zeughaus, eine Fotoausstellung in dem nach ihm benannten Gebäude der Ulmer Volkshochschule am Kornhausplatz und eine Allee im Bereich der Universitäts- und Wissenschaftsstadt halten die Erinnerung an den größten Sohn der Stadt aufrecht. Bekannt aus Literatur und Film ist die tragische Geschichte vom Flugpionier Albrecht Ludwig Berblinger, dem „Schneider von Ulm", der 1811 bei einem spektakulären Flugversuch in die Donau stürzte. Diesem inzwischen rehabilitierten Tüftler zu Ehren hat die Stadt Ulm bereits einige Flugwettbewerbe und Ausstellungen veranstaltet. Das Maskottchen der Ulmer ist jedoch der Ulmer Spatz, um den sich eine amüsante – und für die Ulmer wenig ehrenhafte – Legende rankt. Ob aus Schokolade, Marzipan, Ton, Glas, Porzellan oder Metall - der Spatz ist in allen Variationen ein beliebtes Souvenir aus Ulm.

Ein repräsentatives Ulmer Geschenk ist die Nachbildung aus Zinn oder Silber eines „Ulmer Gulden", dem einstigen Notgeld von 1704. Die ungewöhnliche, viereckige Form dieser Münze kommt von dem damaligen Zeitdruck der Zahlungsverpflichtung der Ulmer, so dass keine übliche runde Geldform ausgeschnitten werden konnte. Eine Einrichtung mit Weltgeltung, die ihre Spuren bis heute sichtbar hinterlassen hat, war die Hochschule für Gestaltung (HfG, 1955-1968) als Designer- und Ausbildungsstätte. Das Hochschulgebäude von Max Bill gilt als ein Schlüsselwerk der Architektur der 50er Jahre und steht heute im Mittelpunkt gesonderter Architekturführungen.

Traditionsfeste und Ulmer Weihnachtsmarkt

Zünftig gefeiert wird bei den Ulmer Traditionsfesten, die für das Tourismusmarketing eine

Delphinbrunnen am Taubenplätzle.

Tourismus

Das Fischerviertel in Ulm.

Tendenz steigend – Kongresse, Tagungen und Seminare

Die medizinisch-naturwissenschaftliche Universität Ulm, zahlreiche namhafte Unternehmen und neu entstandene Forschungseinrichtungen der „Wissenschaftsstadt" auf dem Oberen Eselsberg waren und sind Impulsgeber für die Belebung und Aufwertung des Kongress- und Tagungs-Standortes Ulm. Das Congress Centrum Ulm mit dem angrenzenden Maritim Hotel entstand zu Beginn der 90er Jahre und kann seitdem gehobene Ansprüche erfüllen und Räumlichkeiten jeder gewünschten Größe anbieten. Ob im repräsentativen Vorzeigesaal, dem Einsteinsaal (1.500 Plätze), im Kepler- und Gartensaal oder in den 16 weiteren Tagungsräumen des Maritim Hotels - Ulm verfügt hier über ein Angebot, welches internationalen Ansprüchen genügt. In Ulm und um Ulm herum haben sich einige Hotelbetriebe auf kleinere Tagungen und Seminare spezialisiert. In Anbetracht der guten Verkehrsverbindungen Ulms und der zentralen Lage in Süddeutschland sind die Perspektiven für eine weitere, verbesserte Auslastung der vorhandenen Kongress- und Tagungskapazitäten durchaus positiv zu beurteilen. Seit 1995 hat sich in Ulm/Neu-Ulm ein sogenannter „Tagungs-Pool", bestehend aus Touristik GmbH, führenden Messe-, Kongress- und Tagungshäusern, Hotels und Bildungseinrichtungen, konstituiert. Mit Hilfe gemeinsamer Werbeanstrengungen soll so der Kongress- und Tagungsstandort Ulm/Neu-Ulm regional und überregional bekanntgemacht und profiliert werden.

wichtige Rolle spielen: Fischerstechen, Schwörmontag mit Wasserfestzug „Nabada", Bindertanz, Lichterserenade auf der Donau, Zunftschmaus auf dem Saumarkt oder City-Fest locken regelmäßig viele Gäste aus nah und fern in die Stadt und sorgen für ein originelles und unverwechselbares Flair. Der Ulmer Weihnachtsmarkt hat sich vor der stimmungsvollen Kulisse des Münsterplatzes als einer der schönsten Weihnachtsmärkte Süddeutschlands fest etabliert. Rund eine Million Besucher werden hierbei in den vier Wochen von Ende November bis kurz vor Weihnachten gezählt. Reisegruppen aus der Schweiz, Italien, Japan oder den USA haben den Ulmer Weihnachtsmarkt mittlerweile für sich entdeckt.

Apropos Messen und Märkte...

Ulm hat sich als regionaler Messestandort im schärfer werdenden Wettbewerb mit anderen Städten in Süddeutschland gut behaupten können. Regional anerkannte Verbraucherausstellungen wie die „Leben-Wohnen-Freizeit" oder die Herbstschau „Haus und Heim" sowie regionale Fachmessen haben das attraktive Messegelände Donauhalle in Aussteller- und Veranstalterkreisen bekannt gemacht. Mit neuen Themen wie der „Kindergarten-Fachmesse", der „Motorrad Ulm", der Innovationsmesse „ITP", einer Fachmesse für Bestattungsbedarf und einer weiteren Fachmesse für Kirchenausstattung konnten neue Felder erschlossen und Nischen besetzt werden. Repräsentative Firmen-Events und Einkaufs- und Präsentationsveranstaltungen von Firmen und Einkaufsverbänden gehören ebenfalls zum Veranstaltungsmix. Eine ständige Erweiterung und Modernisierung des Messegeländes sorgt für Zukunftsperspektiven. Der Messestandort ist also ein weiterer Besuchermagnet und wichtiger Wirtschaftsfaktor für Ulm.

Fischerviertel an der Blau.

Tourismus

Weihnachtsmarkt auf dem Münsterplatz.

Einstein-Brunnen.

Mehr Tages- als Übernachtungstourismus

Zu Beginn des Kapitels war bereits von den durch Tourismus bedingten Bruttoumsätzen für Ulm die Rede. Statistiken, Studien mit Vergleichswerten sämtlicher deutscher Großstädte und Schätzungen belegen, dass für Ulm der Tagestourismus ökonomisch gesehen eine weit höhere Bedeutung als der Übernachtungstourismus besitzt. Umsatzzahlen (brutto) von etwa 70 bis 75 Millionen DM aus dem reinen Übernachtungstourismus - hier wird pro Übernachtungsgast ein durchschnittlicher Tagesausgabesatz von 250 DM inkl. Unterkunft, Verpflegung, Einkäufe, Transport und sonstigen Dienstleistungen zugrunde gelegt - stehen mehr als 280 Millionen DM aus dem Tagestourismus gegenüber. Der Tagestourismus lässt sich in zwei Kategorien unterteilen: Zum einen ist in Ulm von mehr als 4,6 Millionen Tagesausflüglern auszugehen, die durchschnittlich 47,20 DM vor Ort ausgeben.

Da Ulm über eine große Zentralität und hohe Attraktivität verfügt (Münster, Messen und Ausstellungen, traditionsreiche Feste, Weihnachtsmarkt, Museen, Theater, Sportveranstaltungen, Ulmer Zelt, etc.), dürfte der in einer Studie ermittelte Durchschnittswert von 31 Tagesausflügen in eine deutschen Großstadt pro Jahr und Einwohner auf jeden Fall erreicht werden.

Die zweite Kategorie umfasst die Tagesgeschäftsreisen, die angesichts der hohen

Tourismus

Einsteinsaal im Congress Centrum Ulm.

Industriedichte und Zentralität Ulms mit mindestens 1,2 Millionen jährlich beziffert werden können. Der mittlere Tagesausgabensatz liegt hier bei 58,50 DM. Von Bedeutung ist nicht die klassische touristische Attraktivität, sondern die Anzahl an aus- und weiterbildungsbedingten Tagesaufenthalten, Firmenbesuchen, etc..

Ulm hat viele internationale Gäste

Ein Viertel aller Übernachtungsgäste in Ulm kommt aus dem Ausland. Der Vergleich mit anderen Städten belegt, dass Ulm einen hohen Anteil an Gästen aus aller Welt besitzt.
Zwar haben Heidelberg (48 %) oder München (41 %) eine deutlich internationalere Gästestruktur, jedoch befindet sich Ulm bei Nürnberg, Stuttgart (je 25 %) und Freiburg (24 %) in guter Gesellschaft und kann Städte wie Karlsruhe (23 %), Würzburg oder Lübeck (je 19 %) hinter sich lassen.

In der Übernachtungsstatistik des Jahres 1997 wies Ulm folgende Rangliste der Herkunftsländer auf:

1) Frankreich	8.890	Übernachtungen
2) USA	8.822	Übernachtungen
3) Schweiz	8.405	Übernachtungen
4) Italien	8.359	Übernachtungen
5) Großbritannien	7.004	Übernachtungen
6) Österreich	5.688	Übernachtungen
7) Niederlande	4.242	Übernachtungen
8) Japan	2.717	Übernachtungen
9) Belgien	2.329	Übernachtungen
10) Spanien	2.126	Übernachtungen

Nach Schätzungen und Erfahrungswerten sind in Ulm lediglich 20 % aller Übernachtungen auf klassischen Städte- und Kulturtourismus zurückzuführen. Jeweils etwa 40 % dürften auf das Konto von Geschäftsreisen sowie Kongressen und Tagungen gehen. Der Anteil der rein touristisch motivierten Reisen nach Ulm ist dennoch in den letzten Jahren leicht angestiegen, da die Ulm/Neu-Ulm Touristik GmbH mit Hilfe einer verbesserten Finanz- und Personalausstattung ihre Marketinganstrengungen im In- und Ausland verstärken konnte.

Gaststätte im Fischerviertel.

Unternehmensportrait

WACH- UND SCHLIESS-GESELLSCHAFT

Wach- und Schließgesellschaft mbH
Ulm/Neu-Ulm

Geschäftsleitung:
Bruno Wachtmeister, Geschäftsführer
Dipl.-Kfm. Kai-Uwe Wachtmeister, Geschäftsführer;
Dipl.-Phys. Joachim Kurzweil, Niederlassungsleiter

Dienstleistungsangebot:
Werkschutz und Bewachung
Revier- und Streifendienste
Alarmaufschaltung mit Alarmverfolgung
Aufzugsbefreiung
Videofernüberwachung
Notrufzentrale mit Call-Center
Veranstaltungsdienste
Hostessenservice
Sicherheitsberatung
Personalleasing
Sicherheitseinlagerungen
Akten- und Datenträgereinlagerungen
Material- und Ersatzteillagerung mit Zustellservice
Beleggutransporte
Facility-Management
Arbeitssicherheit
Brandschutz
Geldtransporte mit Cash-Center
Geldausgabeautomatenservice
Hauptkassenfunktion
Revisionen
Testeinkäufe
Ferienbewachung
Hausmeisterdienste
Poststellenbesetzung

Anschrift:
Boschstraße 28
89079 Ulm
Telefon (0371) 94608-0
Telefax (0371) 94608-88
e-mail INDUSTRIE-BEWACHUNG@T-ONLINE.DE

Steuerung der Einsätze und Entgegennahme der Kundenwünsche durch das 24 Stunden besetzte Call-Center.

Bewährter Partner in Sachen Sicherheit und Dienstleistung

Wach- und Schließgesellschaft mbH – seit 1905 mit nunmehr fast 150 Mitarbeitern ein zukunftsorientierter Dienstleister

Die Wach- und Schließgesellschaft mbH Ulm/Neu-Ulm wurde 1905 gegründet und war somit das erste Sicherheitsunternehmen in Ulm. Als mittelständisches Unternehmen betreut die Firma von Privatkunden über Kleinbetriebe bis zum Weltkonzern ihre Kunden mit qualifizierten Sicherheitsdienstleistungen und berät in sicherheitstechnischen Fragen. Die gekreuzten Schlüssel, das bundesweit anerkannte Firmenlogo für den ortsansässigen Spezialisten, steht heute wie damals als Garant für Sicherheit und Kompetenz vor Ort.

Firmengebäude und Fuhrpark der Wach- und Schließgesellschaft.

1992 hat sich das Unternehmen zur innovativen Ausweitung seiner Geschäftsfelder mit den mittelständischen Stuttgarter bzw. Aalener Sicherheitsunternehmen INDUSTRIEBEWACHUNG Bruno Wachtmeister GmbH und TELECONTROL Stuttgart GmbH zu einer Dienstleistungsunion zusammengeschlossen, die nun in Ulm mit einem Dienstleistungszentrum präsent ist.

Sicherheit nach Maß

Einst begann die Wach- und Schließgesellschaft ihre Dienste mit Streifengängen in der Ulmer Innenstadt zur Ergänzung der Sicherheit. Mit einer seither ständig wachsenden Angebotspalette von Dienstleistungen ist die Wach- und Schließgesellschaft ein zuverlässiger und zeitgemäßer Partner für ihre Kunden. Sie bietet über die traditionellen Sicherheitsdienstleistungen hinaus als Spezialgebiete besonders Alarmaufschaltungen, Brandschutz und Arbeitssicherheit sowie Datenträger- und Akteneinlagerung in alarmüberwachten Hochsicherheitsräumen in ihrem Firmengebäude an.

Rund ums Geld

Hinter dem Begriff Cashmanagement verbirgt sich eine effiziente und lückenlose Logistik, die beim Geldtransport beginnt und über Bearbeitung und Verdichtung der Werte bis hin zur Hauptkassenfunktion mit Direktbuchung auf Kundenkonten geht. Im Verbund mit ihren Partnern ist die Wach- und Schließgesellschaft auf diesem Sektor ein kompetenter und vertrauenswürdiger Dienstleister.

Zukunftsorientierte Qualität

Um das hohe Qualitätsniveau zu wahren und um die Anforderungen ihrer Kunden stets voll zufriedenstellen zu können, hat das Unternehmen 1996 ein QM-System eingeführt. 1997 fand die Zertifizierung durch die DQS statt. Ein zentraler Punkt, der sich auch in der Unternehmensphilosophie widerspiegelt, ist die individuelle und optimale Kundenbetreuung. Hierbei ist eine 24-Stunden-Erreichbarkeit von der untersten Führungsebene bis zur Geschäftsleitung für die Wach- und Schließgesellschaft eine Selbstverständlichkeit und somit eine solide Basis für ein gutes Verhältnis zum Kunden.

Unternehmensportrait

MAYSER – innovativ aus Tradition

Seit 200 Jahren mit hohem Anspruch: hochwertig und wirtschaftlich, exakt und individuell zugeschnitten

MAYSER®

Mayser GmbH + Co.
Polymer Electric

Geschäftsführer:
Peter M. Zechbauer
Manfred Jordan

Gründungsjahr:
27. September 1800

Mitarbeiter:
ca. 160

Geschäftstätigkeit:
Sicherheitssysteme

Kunden:
weltweit

Anschrift:
Postfach 3048
Örlinger Straße 1-3
89073 Ulm/Donau
Telefon: (0731) 2061-0
Telefax: (0731) 2061-222

Regalgassenabsicherung.

Mayser ist ein innovatives Unternehmen mit nahezu 200-jähriger Tradition. Am 27. September 1800 gegründet, entwickelte sich die „Huthmacherey" des Gründers Leonhard Mayser in den folgenden Jahren schnell zu einer Manufaktur und später zu einer Hutfabrik.

Heute steht Mayser für eine erfolgreiche Unternehmensgruppe, deren Name nicht nur eng mit hochwertigen, modischen Hüten und Strickwaren verbunden ist, sondern auch mit Sicherheitssysteme für die Arbeitssicherheit. Und wie schon zu Gründerzeiten hat sich auch der Geschäftsbereich Polymer Electric – hier werden die Sicherheitssysteme entwickelt, hergestellt und vertrieben – innerhalb weniger Jahre eine Spitzenposition geschaffen, die von der Branche anerkannt ist. Technische Zuverlässigkeit, Qualität und Wirtschaftlichkeit sind Grundlage für die Beständigkeit und Stabilität des Unternehmens. Der Erfolg gibt der Unternehmensführung recht.

Mayser Polymer Electric steht für Sicherheit. Sicherheit immer dann, wenn Hebe-, Senk-, Schieb-, Fahr- oder Schwenkbewegungen zum Schutz von Menschen und Maschinen unterbrochen oder gesteuert werden müssen. Mayser Sicherheitssysteme bestehen aus:
- taktilen Sensoren
- Schaltmatten
- Schaltleisten
- Safety Bumper
- berührungslos wirkenden Schutzeinrichtungen
- Ultraschall-Sensorik
- Personenschutzanlagen für Regalgassenabsicherung
- Laser Sensorik

Intensive Entwicklungs- und Konstruktionsarbeiten stehen im Mittelpunkt der Aktivitäten. So hat Mayser Polymer Electric im Laufe der Jahre das Produktprogramm immer wieder um innovative wirtschaftliche Lösungen erweitert.

Wichtige Entwicklungen finden heute vor allem auf dem elektronischen Sektor statt. Die Ultraschall-Sensorik sowie Personenschutzanlagen für die Absicherung von Regalgassen sind beispielhaft. Und auch Weiterentwicklungen im Bereich der taktilen Sensoren, angepaßt an die Bedürfnisse unserer Zeit, sind gefordert. Der Einklemmschutz für elektrische Fensterheber im PKW, eine Weiterentwicklung der bewährten Mayser Schaltleisten, zeigt sehr eindrucksvoll eine der wichtigsten Aufgaben: die Erschließung neuer Anwendungsgebiete, die Bereitstellung von Sicherheit in den unterschiedlichsten Bereichen des täglichen Lebens. Weiterhin Mayser hat sich zur Aufgabe gemacht, die Präsenz in Europa zu erhöhen. So wurden in Paris/Frankreich und in Madrid/Spanien neue Tochterfirmen gegründet. Weitere werden folgen, um eine optimale Betreuung der Kunden zu gewährleisten. ■

Absicherung von betretbaren Gefahrenbereichen.

Kunst und Kultur

Ulm – Stadt der Kunst und Kultur

Kunst und Kultur kennzeichnen in besonderem Maße das Profil und die Ausstrahlungskraft einer Stadt. „Städte kann man an ihrem Gang erkennen, wie Menschen". Dieses Zitat des österreichischen Schriftstellers Robert Musil meint, daß Städte unverwechselbar seien, daß sie eine Individualität haben oder sie entwickeln sollten. Das besondere Profil der Stadt Ulm, so meine ich, liegt im Spannungsfeld – einerseits einer jahrhundertealten kulturellen Tradition und Geschichte und andererseits im Neubeginn und Wagnis. Altes und Neues, Historisches und Modernes, kennzeichnet vor allem auch die Ulmer Baustruktur. Vergangenheit und Gegenwart begegnen sich gleichermaßen. Wo ist dieses spürbarer nachvollziehbar als im Herzen der Stadt, wo sich das altehrwürdige Ulmer Münster mit seinen mittelalterlichen Wurzeln mit der zeitgenössischen Architektur des im November 1993 eröffneten Stadthauses – geplant und gebaut vom weltweit renommierten New Yorker Architekten Richard Meier, Bauhausschüler und zuletzt Schöpfer des Paul-Getty-Centers in Los Angeles – begegnen.

Dr. Götz Hartung

Der Autor wurde 1939 geboren. Er ist Bürgermeister der Stadt Ulm seit 1973, zuständig für die Bereiche Kultur, Bildung, Sport und Freizeit und Jugend, Familie und Soziales. Verbandliche Arbeit: Mitglied im Schulausschuß sowie im Kulturausschuß des Deutschen Städtetages, Mitglied im Schul-, Kultur- und Sportausschuß sowie im Sozialausschuß des Städtetages Baden-Württemberg, Mitglied im Deutschen Bühnenverein, Vorsitzender im Landesverband Baden-Württemberg, Bürgerschaftliche Aktivitäten: Vorsitzender des Deutschen Roten Kreuzes, Kreisverband Ulm, Vorsitzender der Abendrealschule Ulm, Vorsitzender der Stadtkapelle Ulm , Musikverein Söflingen.

Das Atmosphärische dieser Stadt hat der 1879 in Ulm geborene Albert Einstein, einer der größten Söhne dieser Stadt, einmal so gekennzeichnet: „So gedenke ich Ulm's in Dankbarkeit, da es edle künstlerische Tradition mit schlichter und gesunder Wesensart verbindet".

Geistig-kulturelles Zentrum der Region

Ulm mit seiner jahrhundertealten kulturellen Tradition ist das kulturelle Oberzentrum im Ostteil des Landes Baden-Württemberg. Die Ausstrahlung der Stadt reicht von Ostwürttemberg bis Oberschwaben und von der Schwäbischen Alb bis Bayerisch-Schwaben.
Das Kulturleben der Münsterstadt ist erstaunlich vielgestaltig, ihre kulturelle Ausstattung mit-

Am Ulmer Theater.

Kunst und Kultur

„The Black Rider", Musical von Tom Waits/Robert Wilson/William S. Burrouhg.

unter auf die Verhältnisse einer Großstadt zugeschnitten.

Dank der hervorragenden geographischen Lage sowie der außergewöhnlichen wirtschaftlichen Entwicklung und des Ausbaus zur Wissenschaftsstadt ist Ulm in den Nachkriegsjahrzehnten noch weiter zu einem geistig-kulturellen Zentrum in der Region ausgebaut und das kulturelle Profil geschärft worden.

Stadt der Innovation – neue kulturelle Impulse

Neue kulturelle Impulse gingen und gehen von dem im Jahre 1985 aufgelegten Stadtqualitätsprogramm aus, das die städtebauliche und bauliche Erneuerung zentraler Plätze und Einrichtungen verfolgt. Die Fortführung wurde bereits im Zukunftsprogramm „Ulm 2005" mit Investitionen für den Kulturbereich von über 60 Millionen DM aufgenommen.

So bot und bietet sich gerade mit dem Bau und der Eröffnung des Stadthauses auf dem Münsterplatz hierfür ein ideales Forum für Information, Präsentation und Kommunikation. Nahezu zeitgleich konnte im September 1993 das neue Congress-Centrum am Donauufer nebst MARI-TIM-Hotel als Ort für vielfältige Kongresse und Konzertveranstaltungen seiner Bestimmung übergeben werden.

Das Deutsche Brotmuseum, eine private Stiftung, hat im historischen Salzstadel im Frühjahr 1991 eine völlige Neupräsentation mit mittlerweile überaus großer Besucherresonanz erfahren.

Die im letzten Jahrhundert (1842 - 1868) erbaute Bundesfestung in Ulm, die größte noch erhaltene europäische Festungsanlage, hat mit der Sanierung der Ulmer Wilhelmsburg sowie mit dem Ausbau der Oberen Donaubastion – unmittelbar an der Donau gelegen – neue Möglichkeiten für das Ulmer Kulturleben eröffnet. Nebst dem soziokulturellen Zentrum „ROXY" wird im dortigen Reduitgebäude auf einer Fläche von rund 4.000 qm das Donauschwäbische Zentralmuseum mit europäischer Aufgabenstellung eingerichtet; die historische Reithalle kann nach ihrer Sanierung nunmehr als offene Aktionshalle zur Verfügung gestellt werden.

Die Erweiterung des Ulmer Museums ist im Bau; dort soll künftighin die Sammlung „Kurt Fried" – eine Sammlung zeitgenössischer internationaler Kunst der Nachkriegsjahrzehnte – nunmehr ihren ständigen Platz erhalten. Das städtische Schul- und Jugendmusikwerk mit nahezu 2.500 Schülerinnen und Schülern erhält im kommenden Jahr mit dem Umbau des Stadtbades – eines Jugendstilbades nach der Jahrhundertwende – ein neues, großes Domizil. Die Stadtbibliothek erfährt mit dem Neubau in unmittelbarer Nachbarschaft zum Ulmer Rathaus eine neue Zukunftsperspektive; desweiteren entsteht in der Ulmer Weststadt eine neue Stadtteilbibliothek. Auch die Ulmer Weiterbildungseinrichtungen haben mit städtischer Hilfe weitere Räumlichkeiten erhalten. Dies alles dokumentiert, daß die Kultur und die Kulturpolitik in der Stadt Ulm nach wie vor einen hohen politischen Stellenwert genießt.

Beim 1985 durchgeführten ZDF-Städteturnier wurde Ulm von Jury und Fernsehzuschauern zur kulturfreundlichsten Stadt unter den bundesdeutschen Mittelstädten (bis zu 200.000 Einwohner) gewählt. Immerhin liegt Ulm mit seinen jährlichen Kulturausgaben von derzeit rund 430 DM pro Einwohner mit an der Spitze aller deutschen Städte.

Stadt der europäischen Begegnung

Insbesondere Veranstaltungen mit überregionaler Ausstrahlung prägen das kulturelle Profil und setzen immer wieder neue Maßstäbe für die künftige Entwicklung in einer Stadt. So fand im Jahre 1986 erstmals ein internationaler Flugwettbewerb an der Donau weltweites Echo. Die Veranstaltung erinnerte nicht nur an den Flugpionier Albrecht Ludwig Berblinger, den „Schneider von Ulm" und dessen Traum vom Fliegen vor 175 Jahren, sondern stellte gleichzeitig innovative Entwicklungen in der Luftfahrt vor. Diesen Zweck verfolgt auch der mit 50.000 DM dotierte, von der Stadt Ulm alle zwei Jahre ausgeschriebene Berblinger-Preis.

Der zehn Jahre später folgende Berblinger-Wettbewerb stand unter dem Thema „Solarstadt Ulm"; dabei konnten junge Wissenschaftler der Universität Stuttgart ein selbstgebautes Solarflugzeug in die Lüfte erheben. Damit hat sich Ulm als überaus innovationsfähige, neue Wege suchende Stadt im Bereich der Umwelt und Energie präsentiert.

Kunst und Kultur

An der Ulmer Universität.

Auch im europäischen Raum bedarf es einer neuen geistig-kulturellen Vision; nicht zuletzt die Städte müssen daher Impulsgeber in einem neuen Europa der Regionen sein. Die Stadt Ulm hat es sich daher seit vielen Jahren zur Aufgabe gestellt, die bereits seit Jahrhunderten bestehenden partnerschaftlichen und kulturellen Beziehungen zu den europäischen Nachbarn, insbesondere zu den Donauländern und Donaustädten, weiter zu vertiefen.

So wurde bereits im Jahre 1989 mit dem Internationalen Donaufest „Ost-West" ein völkerverbindendes Signal gesetzt, das nunmehr mit dem Internationalen Donaufest im Juli 1998 seine Fortsetzung erfahren hat. Über 10 Tage hinweg haben sich in den Städten Ulm sowie der Nachbarstadt Neu-Ulm aus allen zehn Donauländern entlang der 2.860 km langen Donau zwischen Ursprung (bei Donaueschingen) und dem Schwarzen Meer zahlreiche Kulturschaffende,

Politiker und Wissenschaftler – vor allem Vertreter der jungen Generation – zusammengefunden, um „Neue Ufer" zu entdecken. Nebst einem gemeinsamen Manifest der Donaustädte über die künftige Zusammenarbeit wurde auch das Projekt „Wiederaufbau der Trinkwasserversorgung" in der durch den Krieg zerstörten Donaustadt Vukovar/Kroatien ins Leben gerufen.
Darüberhinaus leben mittlerweile rund 20.000 Mitbürger/-innen aus 124 Nationen ohne deut-

Kunst und Kultur

Im Ulmer Museum.

schen Paß in Ulm. Diese Internationalität und kulturelle Vielfalt der ausländischen Vereine und Gruppen bietet zugleich eine neue Aufgabenstellung und Chance, auch für die städtischen und freien Kulturträger. Ziel ist es letztlich, ein kulturelles europäisches Netzwerk zu schaffen.

Andere Schwerpunktveranstaltungen der letzten Jahre wie etwa Münsterjubiläum (1990), 900 Jahre ehemaliges Benediktinerkloster Wiblingen (1993), 150 Jahre Grundsteinlegung Bundesfestung Ulm (1994) oder 600 Jahre Großer Schwörbrief – Inhalt des jährlichen Verfassungsfestes am Schwörmontag – beziehen sich regelmäßig auf Marksteine ulmischer Geschichte und leisten damit einen Beitrag zur Stärkung von Geschichtsbewußtsein und Identität; natürlich wird dabei auch das Feiern nicht vergessen, wie etwa beim jährlichen "Nabada" auf der Donau und auf den vielen Plätzen und Freizeitanlagen der Stadt.

Stadt der kulturellen Vielfalt

Das kulturelle Leben Ulms wird einerseits von den traditionellen städtischen Kulturinstituten, andererseits durch das engagierte Wirken vieler privater und gemeinnütziger Kulturträger geprägt. Dazu kommt die alternative, freie Kulturszene sowie die breite Palette der kommerziellen Anbieter.

Theatertradition
Ulm blickt mittlerweile auf eine über 350-jährige Theatertradition zurück. Schon 1641, noch während des 30-jährigen Krieges, erbaute Josef Furttenbach, der damalige Stadtbaumeister, südlich der Dreifaltigkeitskirche am Binderhof das erste Theaterhaus, das 1781 von einem Neubau in der Theatergasse abgelöst wurde und zuletzt infolge Kriegszerstörung im Jahre 1969 in der Olgastraße, nahe dem Ulmer Hauptbahnhof, ein endgültiges Domizil fand. Das Ulmer Theater verzeichnet pro Spielzeit bis zu 220.000 Besucher, darunter nahezu 50 Prozent auswärtige Besucher. Anerkannte Theaterleute wie Wackernagel, Hübner, Brecht, Palitzsch, Zadek und Minks, haben dem Haus in den Nachkriegsjahrzehnten den Ruf eines engagierten, lebendigen und wagemutigen Theaters verschafft. Auch Herbert von Karajan hat von 1929 bis 1934 als Kapellmeister in Ulm gewirkt. Heute wird das Ulmer Theater als Mehrspartentheater – Musiktheater, Schauspiel und Ballett – geführt. Daneben erfreut das Philharmonische Orchester der Stadt Ulm mit Sinfonie- und Kammerkonzerten.

Das Theaterleben der Stadt wird durch Privattheater, wie z.B. das "Theater in der Westentasche" und zahlreiche freie Theatergruppen ergänzt. Besondere Akzente im Kinder- und Jugendtheaterbereich setzen die Ulmer Marionettenbühne, die Ulmer Spielschachtel sowie die Jugendkunstschule "Kontiki" der Ulmer Volkshochschule. Außerdem bildet die hier ansässige Akademie junge Menschen für den Theaterberuf aus.

Bildende Kunst
Moderne Bildhauerkunst – mittlerweile 270 Großplastiken und Wandgestaltungen im öffentlichen Raum – kommt heute in Ulm jedenfalls in einer Fülle vor, wie – in Relation gesehen – in keiner anderen Stadt. Im ausgehenden Mittelalter, dem 15. und 16. Jahrhundert, war das in der wirtschaftlich bedeutenden freien Reichsstadt ganz ähnlich. Die Epoche der Spätgotik entfaltete sich in Ulm in einem Reichtum und einer Meisterschaft, wie es in Süddeutschland unerreicht ist. Die zeitgenössische Kunst im öffentlichen Raum nahm erstmals 1980 mit der Landesgartenschau in Ulm und Neu-Ulm größeren Aufschwung. Initiiert über die Ulmer Kunststiftung "Pro Arte" und nachfolgende Ausstellungen der "Sculptura Ulm" konnten dann 1991 der große Kunstpfad an der Universität und 1994 "Die Kunstlandschaft Donau" eingeweiht werden. Auf den Kunstpfaden kann man heute den Werken internationaler Künstler, aber auch der Künstler aus der Region begegnen.

In der Bildenden Kunst dominiert das 1925 gegründete Ulmer Museum mit seiner Sammlung mittelalterlicher Kunst und dem reichen Angebot zeitgenössischer Kunst. Die Sammlung alter Kunst präsentiert unter anderem spätgotische Plastiken und Tafelbilder aus der Blütezeit der Ulmer Kunst zwischen 1430 und 1530. Dazu gehören Werke von Hans Muitscher, Jörg Syrlin Vater und Sohn, Daniel Mauch, Gregor und Michel Erhart, Hans Schüchlin und Jörg Stocker sowie Ulms bekanntesten Malern Bartholomäus Zeitblom und Martin Schaffner. Die moderne Kunst ist durch eine Sammlung europäischer Graphiken, Zeichnungen und Aquarelle, die über 3.000 Werke umfaßt, vertreten. Picasso und der

Im "Roxy".

Kunst und Kultur

Hochschule für Gestaltung, Ulm.

französische Kubismus, Paul Klee, Künstler der „Brücke" und des „Blauen Reiters" sowie junge deutsche Gegenwartskünstler werden gezeigt.

Eine neue Dimension hat die Sammlung durch die 400 Exponate zeitgenössischer internationaler Künstler umfassende Stiftung „Kurt Fried" erhalten, die nunmehr im Jahre 1999 durch den Erweiterungsbau des Museums eine angemessen Präsentation erfahren wird.

Hervorzuheben sind auch die 1968 eingerichteten Prähistorischen Sammlungen, heute Abteilung des Ulmer Museums, die urgeschichtliche Funde aus der Region zeigen. Der 28,1 cm große Torso einer mit Tierkopf ausgestatteten Statuette aus Mammut-Elfenbein vom Hohlenstein-Stadel ist die bisher älteste vom homo sapiens angefertigte menschliche Plastik der Welt.

In den letzten Jahren aufgebaut wurde das HfG-Archiv, ebenfalls dem Museum angegliedert, wo anhand der Arbeiten der ehemaligen Lehrer und Studentenschaft das weltweite Wirken der ehemaligen Hochschule für Gestaltung (1953 - 1968) dokumentiert wird. In Nachfolge des Bauhauses wurden hier wegweisende Orientierung für Gestaltung und Design vermittelt, die auch heute noch nachwirken.

Neben dem Ulmer Museum eröffnen die Naturkundlichen Sammlungen, heute Naturkundliches Bildungszentrum, einen Einblick in entwicklungsgeschichtliche und umweltrelevante Zusammenhänge.

1955 gründete Willi Eiselen das Deutsche Brotmuseum. Diese weltweit einzigartige Institution widmet sich neben seiner musealen Aufgabe vor allem der aktuellen wissenschaftlichen Erforschung der Ernährungssituation in der Welt.

Das Kunstleben der Stadt bereichern darüber hinaus gemeinnützige und private Ausstellungsträger. Hierzu gehören neben einer Vielzahl von Privatgalerien der 1887 gegründete Kunstverein sowie die 1919 ins Leben gerufene Künstlergilde Ulm mit der ihr angegliederten Ulmer Schule. Die freischaffenden Künstler selbst haben sich 1978 zum Verband Bildender Künstler Württemberg, Region Donau-Iller, zusammengeschlossen. Neue Aktivitäten, wie die Kunststiftung „Pro Arte" im historischen Kornhauskeller widmen sich der Künstlerförderung. Das gleiche Ziel verfolgt der von der Stadt gegründete Fonds zur Förderung junger Künstler, der alle zwei Jahre Stipendien von insgesamt 20.000,-- DM vergibt.

Bildung und Weiterbildung

Wie bereits in früheren Jahrhunderten ist vor allem in den Nachkriegsjahrzehnten nebst dem schulischen Bereich ein breites Spektrum an Bildungs- und Weiterbildungsangeboten heran-

Kunst und Kultur

Inszenierung im Theater Ulm.

gewachsen. Nebst Universität (gegründet 1968) und Fachhochschule (gegründet 1958) sind es vor allem die Ulmer Stadtbibliothek, das Stadtarchiv, die Ulmer Volkshochschule, die Familienbildungsstätte und die kirchlichen Bildungsträger – insbesondere das 1984 eröffnete Haus der Begegnung. Dabei gilt es vor allem, den Erfordernissen einer modernen Informations-gesellschaft Rechnung zu tragen.

Die Ulmer Stadtbibliothek ist mit ihrem reichen Bücherbestand die wichtigste kommunale Bibliothek im Südosten Baden-Württembergs und zugleich wissenschaftliche Regionalbibliothek für den oberschwäbischen Raum und das angrenzende Bayerisch-Schwaben. Der wissenschaftliche Bereich beruht auf privaten Bücherstiftungen des 15. und 16. Jahrhunderts und verfügt über rund 180.000 Bände. Insgesamt hat die Stadtbibliothek (Zentralbibliothek nebst Stadtteilbibliotheken und Jugendbibliothek sowie Fahrbibliothek) einen Medienbestand von 460.000 Medieneinheiten; die jährliche Gesamtausleihe beläuft sich auf über 650.000; jährlich werden in der Stadtbibliothek etwa 220.000 Besucher verzeichnet.

Das Stadtarchiv Ulm ist eine der bedeutendsten Kommunalarchive in Baden-Württemberg. Etwa 10.000 Urkunden ab dem 12. Jahrhundert sowie rund 950 Meter Akten – darunter die seit 1501 lückenlos erhaltenen Ratsprotokolle – belegen die politischen Aktivitäten und die fast uneingeschränkte Selbständigkeit Ulms während der reichsstädtischen Zeit. Der Bestand für die Zeit danach umfaßt bereits etwa 8.500 Meter Akten. Die Bildstelle des Stadtarchivs verfügt über eine umfassende Bild- und Tondokumentation, darunter 50.000 Fotos.

Besondere Bedeutung im Ulmer Kulturleben kam und kommt der 1946 von Inge Aicher-Scholl gegründeten Ulmer Volkshochschule zu. Von dort aus wurden nicht nur vielfältige Initiativen und Angebote im Bereich der Weiterbildung entwickelt, sondern sie war gleichermaßen Ort der geistigen und politischen Auseinandersetzung. Die Ulmer Volkshochschule hat weit über die Grenzen der Stadt hinaus für die Weiterbildung in Deutschland Maßstäbe gesetzt. So ging aus ihr auch die Hochschule für Gestaltung – das weltweit bedeutende, wagemutigste Institut der Bundesrepublik – hervor. Erinnert sei dabei auch an Max Bill, den Gründungsrektor, sowie Otl Aicher, der ebenfalls mit großem Erfolg an der Hochschule gewirkt hat. Die Stiftung Hochschule für Gestaltung bemüht sich heute insbesondere um die Dokumentation, ihre Entwicklungsgeschichte und um neue Ansätze im Bereich der Weiterbildung; das Internationale Forum für Gestaltung verzeichnet seit 1988 nachhaltige Resonanz.

Film- und Medienstadt Ulm

Bereits mit dem 1962 an der Hochschule für Gestaltung gegründeten Institut für Filmgestaltung, als früheste Einrichtung für Filmtheorie und Filmausbildung in der Bundesrepublik, wurden Zeichen gesetzt. Die Arbeitsweise des Instituts und sein pädagogisches Konzept wurden insbesondere von den Dozenten Alexander Kluge und Edgar Reitz geprägt. In Fortführung dieser Tradition und im Hinblick auf die Entwicklung neuer Medientechnologien und deren Anwendungsbereiche sind insbesondere das 1987 gegründete Forschungsinstitut für anwendungsorientierte Wissensverarbeitung sowie das 1994 gegründete Institut für Medienforschung und Medienentwicklung, beide zugeordnet der Universität, zu nennen. Nebst privatwirtschaftlichen Trägern und Anbietern hat sich die Stadt selbst im Hinblick auf die gestalterischen Aspekte mit neuen Medientechnologien beschäftigt und den Ausbau zur Tele-Metropole zum Ziel gesetzt.

Ulmer Musikleben

Ulm war trotz hervorragender Chöre und Orchester, der Münsterorgel und guter musikalischer Veranstaltungen nie eine ausgeprägte Musikstadt. Dennoch beruht die Pflege der Musik auf einer großen Tradition. Die konzertante

Faßroller beim Ulmer Bindertanz.

Kunst und Kultur

Philharmonisches Orchester der Stadt Ulm.

Musik wird heute vorrangig vom Philharmonischen Orchester der Stadt Ulm sowie über die Württembergisch-Bayerische Konzertdirektion, die regelmäßig renommierte Orchester und Ensembles engagiert, angeboten. Veranstaltungsorte sind neben dem Edwin-Scharff-Haus in Neu-Ulm vor allem der große Einsteinsaal im neuen Congress-Centrum an der Donau.

Zu den musikalischen Kostbarkeiten gehörten in den ersten Nachkriegsjahrzehnten die weit über Ulm hinaus bekannten „Ulmer Konzerte" der Gesellschaft 1950 e.V., wo häufig auch Pierre Boulez zu Gast war. Die seit 1954 in den Sommermonaten veranstalteten „Sommerlichen Ulmer Musiktage" sowie die im Herbst von der Wiblinger Kantorei durchgeführten „Wiblinger Bachtage", die jeweils auch außerhalb Ulms gastieren, können nicht nur auf eine lange Tradition zurückblicken, sondern setzen besondere musikalische Akzente, vor allem im Hinblick auf musikalische Neuentdeckungen und die Förderung junger Künstler. Ergänzt wird das konzertante Angebot durch die Liebhaberorchester "Studio Ulmer Musikfreunde" sowie den „Orchesterverein Ulm/Neu-Ulm".

Von jeher hat die Kirchenmusik im Musikleben der Stadt eine große Rolle gespielt. So sind es der Ulmer Oratorienchor, die Ulmer Kantorei, die Münsterkantorei nebst den Chören anderer Kirchen, die im Ulmer Münster, in der Pauluskirche, in der Martin-Luther-Kirche, in der neu gestalteten Wengen-Kirche oder etwa in der Basilika – der barocken Klosterkirche – in Wiblingen, die großen Oratorien und Messen zur Erbauung ihrer Besucher wiedergeben.

Die regelmäßigen Orgelkonzerte im Ulmer Münster erfreuen sich großer Resonanz.

Ein besonderes Ereignis ist der alle zwei Jahre in Ulm von der Evangelischen Landeskirche Württemberg durchgeführte Landesposaunentag

Drei Stelen von Max Bill.

Kunst und Kultur

Schwörmontag-Wasserfestzug „Nabada" auf der Donau.

mit bis zu 10.000 Bläsern beim abschließenden Gottesdienst auf dem Münsterplatz.

Das seit 1964 bestehende städtische Schul- und Jugendmusikwerk gewährleistet für rund 2.500 Kinder und Jugendliche eine qualifizierte musikalische Ausbildung. Der 1958 gegründete Chor „Ulmer Spatzen" sowie die 1962 ins Leben gerufene „Ulmer Knabenmusik" sind musikalische Botschafter in alle Welt.

Das musikalische Angebot wird durch traditionsreiche Musik- und Gesangvereine sowie seit einigen Jahren auch durch die alternative Kulturszene mit ihren spezifischen Jugend- und Studentenangeboten ergänzt. Hierzu rechnen die vielfältigen Veranstaltungen des Vereins „Roxy" in den Hallen der Oberen Donaubastion oder etwa die Veranstaltungen des „Ulmer Zelts" in der Friedrichsau; beide ziehen zahlreiche Besucher aus der ganzen Region an. Hinzu kommen die zahlreichen Musikgruppen, die in den offenen Treffs oder in den städtischen Jugendzentren zu Hause sind. Eine besondere Jazztradition hat der Ulmer Jazzkeller „Sauschdall". Besonderer Beliebtheit erfreuen sich die Open-air-Konzerte in Stadt und Region.

Zukunft der Kulturstadt Ulm

Die Stadt Ulm gilt aufgrund ihrer örtlichen Geschichte und Tradition sowie ihres Gegenwartsbezuges, ihrer Weltoffenheit und Perspektiven für die Zukunft mit Recht als „Kulturstadt", als geistig-kulturelles Zentrum der Region. Ihre Lebendigkeit beruht vor allem auch auf der Vielgestaltigkeit ihres kulturellen Lebens, das von den Bürgerinnen und Bürgern getragen und politisch verantwortet wird. Die Stadt hat sich bereits in der Vergangenheit immer zu dieser Aufgabe bekannt, ihr ist bewußt, daß Kultur als Wirtschaftsfaktor, als Standortfaktor und als Imagefaktor immer größere Bedeutung gewinnt. Die Stadt wird daher in ihrer Kulturpolitik und ihren baulichen Strukturen auch weiterhin ihr eigenes Profil entfalten und ihre individuelle Antwort auf die gesellschaftlichen Veränderungen finden.

Die Zukunft der Stadt setzt die Zukunft von Kultur in der Stadt voraus. Diese bleibt Leitlinie gerade auch der Ulmer Kommunalpolitik. Oder, wie es Professor August Everding, der Präsident des Deutschen Bühnenvereins, einmal ausgeführt hat:

„Die Kultur ist eine immerwährende Schöpfung, ein immerwährender Dialog, keine Herberge, sondern ein Weg, der zum Gehen nötigt."

Ulmer Zelt – Kulturfestival in der Friedrichsau.

Unternehmensportrait

Neue Mediengesellschaft Ulm mbH: das Neueste über Kommunikation und Internet

Hochauflagige Zeitschriften aus dem Ulmer Verlag informieren über neueste Sprach- und Kommunikationstechniken

Die Neue Mediengesellschaft Ulm mbH ist ein 1983 innerhalb der Firmengruppe Ebner gegründetes Medienunternehmen, das als Hauptzweck im Rahmen ihrer Verlagstätigkeit die Vermittlung von Informationen über die neuen Sprach- und Daten-Kommunikationstechniken betreibt. Im Zuge der Weiterentwicklung und Diversifizierung dieser Kommunikationstechniken hat die Neue Mediengesellschaft Ulm in den letzten Jahren systematisch ihre Aktivitäten erweitert, die zum Teil selbst, zum Teil auch über Tochter- und Beteiligungsgesellschaften ausgeübt werden.

„com! Das Online-Magazin"

Mit dem Magazin „com! Das Online-Magazin" wird das mit weit über 500 000 verkauften Exemplaren auflagenstärkste europäische Magazin zum Thema Internet und Online herausgegeben.

„T-Online für Einsteiger"

Für Online-Beginner und Neukunden von T-Online erscheint die Zeitschrift „T-Online für Einsteiger".

„Internet World"

An Internet-Professionals richtet sich die Zeitschrift „Internet World". Dieses Magazin ist seit der erstmaligen Herausgabe 1997 das schnellstwachsende Magazin im Online-Segment in Deutschland.

„N&C Networks und Communications"

Zum Thema Inhouse-Vernetzung (LAN) wird die Fachzeitschrift „N&C Networks und Communications" herausgegeben, die das Thema Vernetzung vor allem für mittelständische Unternehmen aufbereitet.

„Telecom Handel"

Seit der Liberalisierung des deutschen Telekommunikationsmarktes ist die Neue Mediengesellschaft auch in diesem Segment aktiv. Die 14tägig erscheinende Zeitschrift „Telecom Handel" ist die bevorzugte Informationsquelle des Telekommunikationshandels in Deutschland.

„Telefon Magazin"

Das „Telefon Magazin" informiert Endverbraucher über neue Telefone und Telefonanlagen sowie über die neuesten Tarife und Leistungen der Service Provider.

„topmail.de"

Alle obengenannten Titel sind mit eigenen Informationsangeboten auch im Internet vertreten. Mit „topmail.de" betreibt die Neue Mediengesellschaft im Internet eine eigene

Unternehmensportrait

Postverteilstelle, über die schon mehr als 150 000 Internet-User ihre elektronische Post verschicken und verwalten.

„Online-PC-Zeitung"

Im Wege der Internationalisierung wurden auch erste Schritte ins europäische Ausland unternommen. In Zürich wird mit der „Online-PC-Zeitung" der auflagenstärksten Computer-Titel in der Schweiz herausgegeben.

Die Neue Mediengesellschaft Ulm ist über Tochter- und Beteiligungsgesellschaften im Messe- und Kongressgeschäft zum Thema Telekommunikation (z.B. „Internet World" in Berlin), in der Distribution mit Telekommunikationsprodukten sowie im Internet mit einer Vermarktungs- und einer Online-Spiele-Gesellschaft tätig.

„E-Commerce"

Außerdem wurde in dem neuen Geschäftsfeld des sogenannten E-Commerce, dem hohe Wachstumsraten für die nächsten Jahre vorhergesagt werden, im Herbst 1998 mit der Gründung eines multinationalen Datenbank- und Fulfillment-Unternehmens mit Hauptsitz in Los Angeles, USA, der ambitionierte Grundstein für eine erfolgreiche Weiterentwicklung und Expansion der Neuen Mediengesellschaft Ulm innerhalb der zunehmenden Globalisierung von Geschäftsprozessen durch das Internet gelegt. ∎

Neue Mediengesellschaft Ulm mbH

Geschäftsführer:
Dr. Günter Götz
Johann Miller
Florian Ebner

Gründungsjahr:
1983

Mitarbeiter:
80 im Verlag
ca. 350 in der Gruppe

Umsatz 1997:
40 Mio. DM im Verlag
ca. 280 Mio. DM in der Gruppe

Anschrift:
Karlstraße 41
89073 Ulm
Telefon: (0731) 15 20-121
Telefax: (0731) 15 20-134
Internet: http://www.nmg.de

Sport

Eine Wirtschaftsregion braucht auch Spitzensport; die Highlights an der Donau sind Basketball und Fußball

Zwei Bälle sind es, die in der Sportregion Ulm/Neu-Ulm den Ton angeben. Der eine ist orangerot, Durchmesser 24 cm und fliegt hauptsächlich in der kalten Jahreszeit über das Parkett, der andere mißt 7 cm weniger in der Diagonale, ist von der Grundfarbe her weiß, seine traditionell schwarzen, sechseckigen Flecken sind inzwischen neuen Mustern gewichen: Basketball und Fußball. Diese beiden Sportarten liefern die Highlights an der Donau, elektrisieren die Fans, locken Zuschauer von Nah und Fern in Halle und Stadion.

Während die Fußballer des SSV Ulm 1846 schon immer in biorhythmus-ähnlichen Kurven zwischen Profi- und Amateursport hin- und herpendeln, haben sich die Basketballer Ende der 80er Jahre ganz nach oben durchgekämpft. 1988 brach mit dem Aufstieg in die 1. Bundesliga das große Basketball-Fieber an der Donau aus. Dauerkarten für die Heimspiele gehören seitdem zu den meist begehrten und bestgehüteten Schätzen der begeisterungsfähigen Schwaben.

Schon bald stellten sich auf nationaler Ebene die ersten Erfolge ein. Seit dem Jahr 1996 kann sich der Verein mit dem Titel des deutschen Pokalsiegers schmücken. Im folgenden Jahr konnte sich der SSV ratiopharm Ulm, wie er seit dem Einstieg des Arzneimittelherstellers als Hauptsponsor heißt, im Europapokal der Pokalsieger auch auf internationaler Bühne mit den Großen dieses Sports messen. Renommierklubs wie Real Madrid und Benfica Lissabon gaben sich in der Saison 1996/97 in der Kuhberghalle die Ehre. Den größten Erfolg der Vereinsgeschichte allerdings

Die erfolgreichen Fußballer direkt nach dem Aufstieg in die 2. Bundesliga am Ende der Saison 1997/1998.

erzielten die Korbjäger in der Saison 1997/98, als lediglich die Stars von Alba Berlin in den Endspielen unbezwingbar waren und die deutsche Vizemeisterschaft errungen werden konnte

Mit der Mannschaft wuchs auch das Publikum in Ulm und Neu-Ulm. Die Fans sind als die treuesten und begeisterungsfähigsten der Bundesliga bekannt und gefürchtet. Beim Zuschauerzuspruch gehört der Ulmer Klub zu den erfolgreichsten der Bundesliga. Im wirtschaftlichen Bereich schlug der SSV ratiopharm Ulm als nationaler Vorreiter völlig neue Wege ein. Die Ausgliederung der Basketball-Profi-Abteilung in Verbindung mit der Umwandlung in eine Aktiengesellschaft im Sommer 1997 war trotz Startschwierigkeiten der erste Schritt auf dem Weg zu neuen Strukturen, dem langfristig sicher noch viele weitere Sportvereine folgen werden.

Weniger mit Konstanz als mit vielen Hochs und Tiefs hielten die Fußballer des SSV 46 ihre Anhänger in Atem. Stets auf dem Sprung in den Profifußball, war Ulm immer zu gut für die Amateurligen, doch die Aufstiege in die 2. Bundesliga blieben in den 80er Jahren stets Kurzausflüge. 1983 bis 85 und 1986 bis 88 hielten es die „Spatzen", wie die Kicker aus der Donaustadt landauf landab gerufen werden, jeweils nur zwei Jahre aus.

Daß die Donaustädter dennoch ein Fußball-Volk sind, beweisen sie immer dann, wenn das Donaustadion zu Großveranstaltungen rüstet. So waren es früher die „Schwörmontagsspiele", zu welchen der SSV 46 an Ulms Nationalfeiertag vor vollen Rängen die großen Klubs der Bundesliga herausforderte. Im Jahr 1997 war das Donaustadion mit 24.000 Besuchern sogar ausverkauft, als die „Spatzen" des SSV 46 im DFB-Pokal nach Siegen über den 1. FC Köln und den FV Mainz 05 auf das Top-Team des VfB Stuttgart trafen und mit 1:3 scheiterten. Und als der Klub nach seinem Wiederaufstieg 1998 in die 2. Bundesliga als sensationeller Tabellenführer die deutsche Fußball-Welt verblüffte, strömten die Fans aus der ganzen Region in Massen ins Donaustadion.

Sport in Ulm heißt auch Sport beim SSV Ulm 1846

Fußball und Basketball beim SSV Ulm 1846 - eine Parallele zur Wirtschaftswelt in Ulm/ Neu-Ulm. Mit ihren Erfolgen sind sie der Beweis, daß auch ein Verein aus der Region – sinnvolle Investitionen bei den Sportstätten vorausgesetzt - im nationalen und internationalen Sportgeschäft mitmischen kann.

Ulms Publikumsliebling Jarvis Walker auf dem Weg zur Deutschen Basketball-Vizemeisterschaft 1997/1998.

Sport

Mannschaft und Sheerleader mit der großen Glückwunschtorte zur Vizemeisterschaft.

Die Region Ulm/Neu-Ulm ist eine Sportregion. über 160.000 Menschen leben hier am Fuß der Schwäbischen Alb - knapp 60.000 davon sind organisiert in über 100 Sportvereinen, verteilt auf die verschiedenen Stadtgebiete und Vororte. Das Herzstück dieser Vereine ist der SSV Ulm 1846. Unter seinem Dach sind die sportlichen Aushängeschilder der Donaustädte angesiedelt, werben Basketballer und Fußballer mit ihren Auftritten auf nationaler und internationaler Ebene für die Stadt, für die Region, und natürlich auch für den Sport. Wie sehr dem Leistungssport eine Vorbildfunktion für den Breitensport zukommt, beweist der deutliche Anstieg von jugendlichen Basketball-Spielern und -Mannschaften in der Region seit dem Aufstieg des SSV 46 in die 1. Bundesliga 1988.

Doch nicht nur im Hochleistungssport ist der Großverein, wie er von seinen Konkurrenten respektvoll genannt wird, spitze. Mit über 11.000 Mitgliedern, davon ein nicht unbeträchtlicher Teil aus Neu-Ulm, ist der SSV 46 der größte Sportverein Baden-Württembergs und gehört damit auch in Deutschland zu den ganz Großen seiner Art. Diese rund 11.500 Mitglieder sind derzeit in 22 Abteilungen zuhause. Judo, Turnen, Tennis, Bahnengolf oder Radsport sind nur ein Auszug vom Angebot, mit dem sich der SSV 46 dem Breitensport widmet.

Dazu hat der SSV 46, der sich im Laufe der Geschichte durch Fusionen und Verschmelzungen kleinerer Klubs und Abteilungen zu einem der größten Sportvereine in Deutschland gemausert hat und 1996 mit einer ganzen Reihe von Veranstaltungen seinen 150. Geburtstag feiern konnte, mit einer eigenen Bade-Anlage - einem Hallenbad, einem 50-Meter-Freibecken samt Dreimeter-Sprungbrett und Wasserrutsche - sowie dem vereinseigenen Fitness-Komplex „Hans-Lorenser-Zentrum", außergewöhnliche Attraktionen zu bieten. Und mit Feriencamps für Kinder und Jugendliche, Musikveranstaltungen und Filmvorführungen auf Großleinwand unter freiem Himmel begegnen die Verantwortlichen des Traditionsvereins den Trends der Zeit. Ein vollbepackter Veranstaltungskalender ziert das Schwarze Brett am Eingang ins Vereinsgelände.

Der vereinseigene Fitness-Komplex „Hans-Lorenser-Zentrum".

Mit seiner Lage in der Friedrichsau im Ostteil Ulms ist der SSV 46 gleichwohl Mittelpunkt des Sportgeschehens wie auch Ruhepol für Spaziergänger, Läufer, Walker, Inline-Skater und Radler, die in dem idyllischen Park direkt am Ufer der Donau ein ideales Trainingsgelände finden oder auch einfach nur mal abschalten wollen.

Unternehmensportrait

Realgrund – professionelles Immobilienmanagement

Der erfolgreiche Bauträger und Projektentwickler ist inzwischen Ulms größter Anbieter von Büromietflächen

Die Realgrund Liegenschaften GmbH errichtet gegenüber dem Bürocenter Karlsbau auf dem 3.100m² großen Eckgrundstück Karlstraße 35/Syrlinstraße 38 ein neues Bürogebäude mit eigener Tiefgarage und insgesamt ca. 6.000 m² Mietfläche. Architektur und Gebäudeansicht der Straßenfassade Syrlinstraße sind analog der Bauausführung des Bürocenters Karlsbau angelegt. Dadurch wird der jetzt schon erzielte markante städtebauliche Akzent der Dienstleistungsachse Karlstraße in besonderer, ästhetisch anspruchsvoller Weise verstärkt. Bauweise und Konstruktion sind so angelegt, daß die Büroflächen nutzergerecht und bedarfsorientiert aufgeteilt werden können. Innenausstattung in gehobenem Standard. Die Mietflächen können ab September 2000 genutzt werden.

Seit fast drei Jahrzehnten ist Realgrund als regional führendes Bauträgerunternehmen in den Bereichen Wohn- und Gewerbebau erfolgreich tätig. Das eigene Planungsbüro mit festangestellten Architekten und modernster CAD-Technik ist jederzeit in der Lage, Kundenwünsche, Trends, baurechtliche Vorgaben und bautechnische Neuerungen bei der Planung neuer Objekte zu optimieren.

Die Umsetzung der qualitätsorientierten Bauausführung ist durch erfahrene Bauingenieure und Techniker gewährleistet. Von Fall zu Fall arbeitet das Unternehmen auch mit freien Architekten und Planungsbüros zusammen, die für ganz bestimmte Objekte ihr spezielles Know-how einbringen. Das macht das Unternehmen flexibel und leistungsstark. So entsteht zeitgemäße Architektur im Einklang mit der Natur und dem gewachsenen städtebaulichen Umfeld.

Die Verwendung zeitgemäßer, umweltverträglicher Baumaterialien und der Einsatz modernster Bautechnik gewährleisten langfristige Werthaltigkeit. Damit erfüllen Realgrund-Objekte alle Voraussetzungen für eine zukunftsorientierte, sichere Investition.

Bei der Verwirklichung städtebaulicher Konzepte wirkt Realgrund als Partner der Kommunen und setzt, wie z. B. beim Weberviertel in Ulm-Söflingen, neue Maßstäbe.

Als Projektentwickler moderner Büro- und Verwaltungscentren gilt Realgrund inzwischen als eine erste Adresse für namhafte Auftraggeber und Investorengruppen, wie zum Beispiel für die Versorgungswerke der BAYER AG.

Außerdem ist Realgrund heute Ulms größter Anbieter von Büromietflächen. Kompetente Bau-Betriebswirte, Immobilien- und Verwaltungs-Fachleute sind Garanten eines zuverlässigen Vermietungs- und Verwaltungsmanagements bzw. eines professionellen Gebäudemanagements im Bereich der Gewerbeimmobilie.

Moderne EDV-Arbeitsplätze und ausgereifte Software-Programme unterstützen das umfassende Dienstleistungsangebot und machen die wirtschaftlichen Komponenten der Immobilie transparent. Realgrund ist ein guter Partner.

REALGRUND Liegenschaften GmbH

Gründungsjahr:
1971

Geschäftsleitung:
Jörg Feigel
Peter Feigel
Norbert Löhlein

Stammkapital:
DM 7.000.000

Geschäftstätigkeit:
Planung und Projektentwicklung von Büro- und Verwaltungscentren sowie deren schlüsselfertige Erstellung als Generalübernehmer.
Grundstückskauf, Planung / Stadtentwicklung und schlüsselfertige Erstellung von Eigentumswohnungen, Wohn- und Geschäftshäusern für Eigennutzer und Kapitalanleger.
Übernahme von Generalmietverhältnissen.

REALGRUND Immobilienmanagement GmbH

Geschäftstätigkeit:
Technische und wirtschaftliche Betreuung gewerblich genutzter Fremdobjekte.

Anschrift:
Bürocenter Karlsbau,
Karlstraße 31-33
89073 Ulm
Tel. (0731) 14 47-0
Fax (0731) 14 47-50
Internet www.realgrund.de
e-mail info@realgrund.de

Der Karlsbau in Ulm – ein Realgrund-Objekt der Spitzenklasse; in Architektur und Ausstattung von hohem Niveau. First Class für die Corporate Identity eines jeden Unternehmens.

Inserentenverzeichnis

Adtranz GmbH
Lise-Meitner-Straße 4
89081 Ulm
Telefon (0731) 392-4205
Telefax (0731) 392-5455

AEG Anglo Batteries GmbH
Söflinger Straße 100
89077 Ulm
Telefon (0731) 933-0
Telefax (0731) 933-1852

**AEG
Mobile Communication GmbH**
Wilhelm-Runge-Straße 11
89081 Ulm
Telefon (0731) 505-02
Telefax (0731) 505-18 00

**CAD-UL
Computer Aided Design Ulm GmbH**
Lämmerweg 32
89079 Ulm-Einsingen
Telefon (07305) 959-300
Telefax (07305) 959-333

Daimler-Benz Aerospace AG
Wörthstraße 85
89070 Ulm
Telefon (0731) 392-0
Telefax (0731) 392-3393

Daimler-Benz AG
Wilhelm-Runge-Straße 11
89013 Ulm
Telefon (0731) 505-0
Telefax (0731) 505-4101

Derra, Meyer & Partner
Frauenstraße 14
89073 Ulm
Telefon (0731) 9 22 88-0
Telefax (0731) 9 22 88-88

**J. Ebner Graphische Betriebe
GmbH & Co. KG**
Eberhard-Finckh-Straße 61
89075 Ulm
Telefon (0731) 20 56-0
Telefax (0731) 20 56-208

Fritz & Macziol GmbH
Hörvelsinger Weg 17
89081 Ulm
Telefon (0731) 15 51-0
Telefax (0731) 15 51-555

**Herkommer & Bangerter
GmbH & Co.**
Otto-Hahn-Straße 8-16
79395 Neuenburg
Telefon (07631) 795-0
Telefax (07631) 795-100

Iveco Magirus AG
Magirusstraße
89079 Ulm
Telefon (0731) 408-1
Telefax (0731) 408-31 99

Kögel Fahrzeugwerke AG
Daimlerstraße 14
89016 Ulm
Telefon (0731) 94 54-0
Telefax (0731) 94 54-499

Mairs Geographischer Verlag
Franzenhauser Weg 24
89081 Ulm
Telefon (0731) 9 67 79-0
Telefax (0731) 9 67 79-106

Mayser GmbH + Co.
Örlinger Straße 1-3
89073 Ulm
Telefon (0731) 20 61-0
Telefax (0731) 20 61-222

Dr. Merkle GmbH
Boschstraße 36
89079 Ulm
Telefon (0731) 9 46 99-0
Telefax (0731) 9 46 99-29

Inserentenverzeichnis

Metallschmelzwerk Ulm GmbH
Daimlerstraße 20
89079 Ulm-Donautal
Telefon (0731) 9 46 23-0
Telefax (0731) 48 17 22

Müller GmbH & Co. KG
Albstraße 92
89081 Ulm-Jungingen
Telefon (0731) 174-0
Telefax (0731) 174-174

Neue Mediengesellschaft Ulm mbH
Karlstraße 41
89073 Ulm
Telefon (0731) 15 20-121
Telefax (0731) 15 20-134

neumatic Elektronik + Kabeltechnik GmbH & Co. KG
Magirusstraße 41/51
89077 Ulm
Telefon (0731) 9 35 93-0
Telefax (0731) 9 35 93-60

Oscorna-Dünger GmbH & Co.
Erbacher Straße 41
89079 Ulm-Donautal
Telefon (0731) 9 46 64-0
Telefax (0731) 48 12 91

ratiopharm GmbH + Co.
Graf-Arco-Straße 3
89079 Ulm
Telefon (0731) 402-0
Telefax (0731) 402-7716

Realgrund Liegenschaften GmbH Immobilienmanagement GmbH
Karlstraße 31-33
89073 Ulm
Telefon (0731) 14 47 63
Telefax (0731) 14 47 30

Rheinzink GmbH
Nicolaus-Otto-Straße 36
89079 Ulm
Telefon (0731) 9 46 06-0
Telefax (0731) 4 31 85

Ruefach GmbH & Co. KG
Eberhard-Finckh-Straße 55
89079 Ulm
Telefon (0731) 92 72-0
Telefax (0731) 92 72-160

SCU-Service Center Ulm GmbH
Söflinger Straße 100
89077 Ulm
Telefon (0731) 933-0
Telefax (0731) 933-12 05

Siemens AG
Lise-Meitner-Straße 5
89079 Ulm
Telefon (0731) 95 33-0
Telefax (0731) 95 33-201

Stadtwerke Ulm/Neu-Ulm GmbH
Karlstraße 1
89073 Ulm
Telefon (0731) 166-0
Telefax (0731) 166-1409

Wach- und Schließgesellschaft mbH Ulm/Neu-Ulm
Schulze-Delitzsch-Weg 12
89079 Ulm
Telefon (0731) 9 46 08-0
Telefax (0731) 9 46 08-88

Wilken Software GmbH
Hörvelsinger Weg 25
89081 Ulm
Telefon (0731) 96 50-0
Telefax (0731) 96 50-340

Impressum

Wirtschaftsstandort Ulm

Verlag	MEDIA TEAM Gesellschaft für Kommunikation mbH
	Geschäftsführender Gesellschafter Christian Kirk
	Eichbergstraße 1-3 in D-64285 Darmstadt
	Telefon (06151) 1770-0
	Telefax (06151) 1770-10
	ISDN Leo (06151) 1770-48
	E-mail verlag@mediateam-gmbh.com
	Internet www.mediateam-gmbh.com
	www.standort-deutschland.com
Herausgeber	MEDIA TEAM GmbH in Zusammenarbeit mit der Stadt Ulm
Idee & Konzeption	© Christian Kirk
Realisation	Dieses Projekt wurde realisiert unter Mitarbeit der Autoren Dr. Walter Döring, Ivo Gönner, Walter Laitenberger, Christian Bried, Prof. Dr. Dr. Franz Josef Radermacher, Ulrich Soldner, Marita Caïssa Kaiser, Prof. Dr. Hans Wolff, Hermann Stangier, Otto Sälzle, Petra Schmitz, Peter M. Jäger, Werner Kress, Heinz Künkele, Petra Schmitz, Dr. Gabriele Gröger, Alexander Wetzig, Wolfgang Dieterich, Dr. Götz Hartung sowie in der Organisation Ulrike Sautter, Klaus-Maria Tasch, Marion Trachsel, Ute Rühl, Steffen Weber, Karin Christ, Andrea Delgado
Chefredaktion	Heinz-Dieter Krage
Grafik & Satz	Helmut Bessing, Mirko Emde
Bildnachweis	Autoren der Artikel, portraitierte Unternehmen, Armin Buhl, Peter Pietschmann, Eckart Breider, M. Duckek, Heinzmann Design, G. Kolb, Reinhard Mayer, Günter Merkle, Pabst, B. Schwemmle, Stadtarchiv Ulm, Carola Hölting, Karin und Hans Botzenhardt
EBV, Litho & Belichtung	digitaltype GmbH, Darmstadt
Druck	Druckhaus Darmstadt GmbH
Papier	Rhein-Main-Papier GmbH & Co.KG, Bochum, Senden, Darmstadt. Papiersorte: EURO ART® matt, 135 gr./m².
Umsetzung für Internet	InMediasRes, Darmstadt
Vervielfältigung & Nachdruck	Alle Rechte vorbehalten. Kein Teil dieses Buches darf ohne schriftliche Genehmigung des Verlages vervielfältigt oder verarbeitet werden. Unter dieses Verbot fällt insbesondere die gewerbliche Vervielfältigung per Kopie, die Aufnahme ins Internet bzw. andere elektronische Datenbanken und die Vervielfältigung auf CD. Verstöße werden rechtlich verfolgt.
ISBN-Nr.	3-932845-04-8, Ausgabe 1998